- 安徽省教育厅人文社科重点项目"新质生产力赋能数据资产信息披露的机制与路径研究"（项目编号：2024AH052349）
- 安徽省建筑经济与房地产管理研究中心2023年主任基金"数字经济对建筑业绿色全要素生产率的影响机制研究"（项目编号：2023JZJJ01）
- 公司绩效管理咨询项目（项目编号：HYB20240154）
- 安徽洱竣建筑工程有限公司管理咨询项目（项目编号：HYB20240088）

基于平衡计分卡的
战略绩效管理
系统研究

杨春明　著

化学工业出版社

·北京·

内容简介

本书以战略绩效管理系统为导向，开展战略绩效管理系统的设计与实证研究，深入分析绩效管理与战略管理的关系，运用平衡计分卡方法设计战略绩效管理系统模型；并以成本领先和差异化两大竞争战略为例，将企业的战略转换和分解成绩效指标，绘制不同竞争战略的平衡计分卡地图，介绍实施战略绩效管理系统的过程；分别以 Z 公司和高校为对象，设计基于平衡计分卡的企业战略绩效管理系统和高校战略绩效管理系统；从数字化变革和"双碳"目标角度，分析战略绩效管理系统的未来发展方向。本书内容新颖，从理论研究到实证分析，为推动企业战略目标和绩效管理目标的实现提供了范本，为有关部门制定相关政策提供一定的借鉴，有利于推动我国经济高质量发展。

本书可作为高等院校人力资源管理、工商管理、战略管理、企业管理等相关专业的教材，也可供相关专业的师生、企事业员工和相关政府部门人员阅读、学习和参考。

图书在版编目（CIP）数据

基于平衡计分卡的战略绩效管理系统研究 / 杨春明著. — 北京：化学工业出版社，2024.12. — ISBN 978-7-122-46911-3

Ⅰ.F272.1

中国国家版本馆 CIP 数据核字第 202412KB86 号

责任编辑：毕小山
文字编辑：刘　璐
责任校对：宋　夏
装帧设计：刘丽华

出版发行：化学工业出版社
　　　　　（北京市东城区青年湖南街 13 号　邮政编码 100011）
印　　装：北京天宇星印刷厂
710mm×1000mm　1/16　印张 9¾　字数 200 千字
2025 年 1 月北京第 1 版第 1 次印刷

购书咨询：010-64518888
售后服务：010-64518899
网　　址：http://www.cip.com.cn

凡购买本书，如有缺损质量问题，本社销售中心负责调换。

定　　价：98.00 元　　　　　　　　　　版权所有　违者必究

前 言

党的二十大报告指出，经济高质量发展是全面建设社会主义现代化国家的首要任务之一。经济高质量发展是指在经济增长的基础上，注重提高经济发展的质量和效益，实现经济结构的优化升级，提高全要素生产率，增强经济发展的可持续性和内生动力。这种发展模式强调创新、协调、绿色、开放、共享的新发展理念；以创新为引领，加大科技创新投入，推动产业结构升级，培育新动能，提高经济发展的技术含量和附加值；调整产业布局，发展现代服务业，提高产业链水平，形成产业集群效应，实现产业协同发展；加强区域间的合作与交流，促进资源要素的合理流动，缩小地区发展差距，实现区域经济协调发展；坚持节约资源和保护环境的基本国策，推进绿色生产和消费，实现经济发展与生态环境保护的协调发展；积极参与全球经济治理，拓展国际合作空间，提高国际竞争力；坚持以人民为中心的发展思想，完善收入分配制度，提高社会保障水平，实现全体人民共享发展成果和人民生活水平全面提高。一个国家和地区经济发展水平越高，其产业基础、科技创新能力、人才培养等方面就越有优势，从而为提高绩效创造有利条件。

人才对于企业发展的重要性毋庸置疑。企业要想留住优秀人才，就要"让想干事、能干事、干成事的干部有机会、有舞台"，要想让优秀的人才在企业中有归属感，就需要建立一套行之有效的战略绩效管理系统，提升员工的工作积极性。必须坚持科技是第一生产力、人才是第一资源、创新是第一动力，深入实施科教兴国战略、人才强国战略、创新驱动发展战略，开辟发展新领域新赛道，不断塑造发展新动能新优势。培养造就大批德才兼备的高素质人才，是国家和民族长远发展大计。基于此，研究基于平衡计分卡的战略绩效管理系统，提升企业核心竞争力，创新驱动发展战略，有利于企业构建新发展格局，推动我国经济高质量发展，为企业的深化改革提出明确路径。

在传统的组织绩效管理体系中，关键绩效指标法是主流。这种绩效考核方法主要以定量指标为核心，偏向对企业短期绩效的考核，并不能完全符合企业战略发展的要求。将传统绩效考核上升为战略绩效管理，基于企业长远可持续发展，对企业发展目标和达成途径进行总体谋划，是绩效管理的重要发展趋势之一。传统的绩效管理注重实现和分析财务指标，偏重强调企业的短期利益，没有与企业的中长期战略目标紧密结合。随着绩效管理理论的不断发展，越来越多的企业管理者开始认识到引入关键的非财务指标对于衡量绩效指标是必要的。在这种背景下，平衡计分卡理论被提出，它的目标是实现企业战略规划，并以财务指标为切入点，通过对企业经营发展的底层逻辑进行分析，为企业经营发展提供支持。平衡计分卡理论的核心思想是构建一套科学的评价体系，该体系包含了财务、顾客、内部经营过程、学习与成长四个维度，将传统绩效管理提升到企业战略绩效管理的层面。这四个方面相互关联、相互影响，而且能够在财务指标和非财务指标之间取得平衡，在企业外部顾客和内部经营过程之间取得平衡，并实现长期利益和短期利益之间的平衡。

改革开放以来，世界形成了全球经济一体化趋势。本着"取其精华，去其糟粕"的理念学习国外先进的管理经验，在这一背景下平衡计分卡理论被引入我国，并通过具体应用得到了企业管理者的认可与发展，但不是全盘的"拿来主义"。我们对西方的管理理念不能全面吸收，必须结合本国的乃至本企业的具体实际情况，制定出具有本企业特色的基于平衡计分卡的战略绩效管理系统，才能更好地推动企业全面发展。

尽管平衡计分卡理论在西方发达国家得到了广泛的应用和推崇，但在我国企业的战略绩效管理中并未广泛开展实践。因此，建立一套适合我国企业的基于平衡计分卡的战略绩效管理系统，对于提高我国企业的战略规划与绩效管理水平具有重要意义；而且随着平衡计分卡系统的推广，还可以运用到其他组织如高校、事业单位等的战略绩效管理系统中。

基于这样的背景，本书从绩效管理角度出发，研究"如何把绩效管理与企业战略有机结合起来"，运用平衡计分卡方法设计战略绩效管理系统，具体内容将围绕以下几个问题展开：

建立什么样的"绩效管理与战略结合"的战略绩效管理模型？
如何将战略规划分解成平衡计分卡四个方面的具体绩效指标？
战略绩效管理系统如何实施？
战略绩效管理系统的未来发展方向如何？

本书期望建立一个基于平衡计分卡的战略绩效管理系统来解决上述问题。通过建立这种战略导向的绩效管理模型，促使企业时刻关注企业战略。通过平衡计分卡的四个方面，将绩效目标与战略目标挂钩。在战略的指导下进行绩效管理，通过绩效管理实施战略；应用该模型可以将企业战略目标分解为具体的可操作的绩效指标，使个人目标与组织战略达到一致和平衡，使员工行为、团队行动与战略目标保持一致，促使绩效管理与战略管理有机融合；使绩效管理走出"为评估而评估"的陷阱，在绩效管理的各个环节都以战略为导向，促使个人绩效和组织绩效得到提高的同时，个人和组织共同发展，有利于激励员工的积极性和创造性；通过对战略绩效管理模型的建立和实现方法的研究，为企业实施有效的绩效管理提供一种思路和方法指导。

本书的研究内容分为四个模块：基础、理论、实证和未来发展方向。基础模块包括第一章绪论、第二章相关概念及理论概述。理论模块包括第三章战略绩效管理、第四章基于平衡计分卡的战略绩效管理系统的设计。实证模块包括第五章基于平衡计分卡的战略绩效管理系统设计及实施保障。未来发展方向分析包括第六章战略绩效管理系统的未来发展方向、第七章研究结论与展望。

本书的研究工作分两个阶段完成：理论设计和实证分析（如图 0-1 所示）。

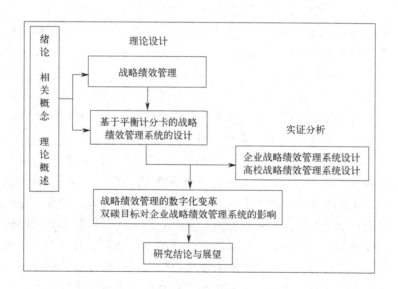

图 0-1　研究路径图

第一阶段是战略绩效管理系统的设计部分。在深入分析绩效管理与战略管理之间关系的基础上，运用平衡计分卡方法，提出战略绩效管理系统的模型；并以不同竞争战略为例，说明如何将企业的战略转换和分解成绩效指标，并在此基础上绘制了不同竞争战略的平衡计分卡地图；

系统地介绍实施战略绩效管理系统的过程,包括:绩效目标的设定、绩效实施与监控、绩效评价、绩效反馈与面谈、绩效评价结果的应用等。第二阶段是战略绩效管理系统的实证分析部分。分别以 Z 公司和高校为对象,将第一部分设计的战略绩效管理系统运用到企业和高校的绩效管理实践中,分析企业和高校的具体情况,设计基于平衡计分卡的相应组织的战略绩效管理系统,并分析系统的实施保障。

  本书的主要特色体现在:一是依据绩效管理理论,综合运用平衡计分卡方法和关键绩效指标法,建立了以战略为导向的绩效管理系统模型;二是针对不同的竞争战略,将企业的战略目标转换和分解成具体的、可操作的日常经营活动的绩效指标,并绘制出战略地图。三是结合当前的研究热点,分析战略绩效管理系统的数字化变革和"双碳"目标对战略绩效管理系统的影响。本书在战略管理与绩效管理理论的基础上,利用平衡计分卡理论,从财务、顾客、内部经营过程和学习与成长四个维度,对企业的战略目标进行分解,形成绩效管理指标,构建基于平衡计分卡的战略绩效管理系统,在一定程度上丰富了战略管理、绩效管理以及平衡计分卡方法的研究。在构建绩效指标体系时,改变了以往战略目标与绩效目标容易脱节的现象,通过自上而下的战略目标分解和自下而上的绩效管理目标的实现,更有利于企业形成核心竞争力和长期竞争优势,更好地响应国家推动经济高质量发展的号召。在经济全球化、贸易自由化以及信息网络化的背景下,企业的发展面临着巨大的挑战,而部分企业还割裂了战略与绩效之间的联系,导致绩效管理未能发挥作用,战略目标无法实现。战略绩效管理将企业战略转化为绩效指标,并通过绩效管理系统进行实施、监督、应用。平衡计分卡是一种战略绩效管理工具,它将企业战略目标逐层分解为各种具体的衡量指标,为企业战略绩效管理的实现建立起可靠的执行基础。因此,分析企业绩效管理与战略目标之间的关系,利用平衡计分卡将企业的战略转换和分解成具体的、可操作的日常经营活动的绩效指标,并从财务、顾客、内部经营过程和学习与成长四个维度绘制不同竞争战略的战略地图,设计基于平衡计分卡的战略管理系统,并实施战略绩效管理,有利于企业形成长期竞争优势,具有重要意义。

  在本书出版之际,特别感谢曾经教导过我的中国科学技术大学的古继宝教授,在本书的撰写中给予我无私帮助的南京理工大学的江文奇教授。安徽建筑大学经济与管理学院的同事们对本书的写作给了大力支持,感谢盛宝柱教授在本书的编写过程中提出了宝贵的建议,感谢杨苏博士、任国瑞副教授对本书提出了很好的修改意见。

本书的出版受到安徽建筑大学以下科研项目的资助：任国瑞副教授主持的安徽省教育厅人文社科重点项目"新质生产力赋能数据资产信息披露的机制与路径研究"（项目编号：2024AH052349）、杨苏副教授主持的安徽省建筑经济与房地产管理研究中心2023年主任基金"数字经济对建筑业绿色全要素生产率的影响机制研究"（项目编号：2023JZJJ01）、杨春明副教授主持的"公司绩效管理咨询项目"（项目编号：HYB20240154）、任国瑞副教授主持的"安徽洱竣建筑工程有限公司管理咨询项目"（项目编号：HYB20240088），在此一并感谢！

当然，由于笔者的学识有限，本书还有许多不足之处。对本书的错漏之处，敬请读者及时指出，我将在以后的研究工作中不断地完善和改进，并在未来的版本中予以更正。

杨春明

2024年8月

目 录

第一章　绪论　// 　001

　　第一节　绩效管理的发展研究 …………………………………… 003
　　　一、绩效管理在国外的发展历程 ………………………………… 003
　　　二、绩效管理在国内的发展历程 ………………………………… 004
　　　三、绩效管理的发展研究特点 …………………………………… 005

　　第二节　战略绩效管理的发展研究 ……………………………… 006
　　　一、战略管理 ……………………………………………………… 006
　　　二、战略绩效管理的发展研究 …………………………………… 007

　　第三节　平衡计分卡的发展研究 ………………………………… 010
　　　一、平衡计分卡的发展历程 ……………………………………… 010
　　　二、平衡计分卡理论的发展与受到的质疑 ……………………… 015
　　　三、平衡计分卡理论的补充和完善 ……………………………… 015
　　　四、平衡计分卡理论的延伸和拓展 ……………………………… 017

第二章　相关概念及理论概述　// 　019

　　第一节　绩效管理概述 …………………………………………… 019
　　　一、绩效管理的起源与含义 ……………………………………… 019
　　　二、绩效管理的内容、特征与影响因素 ………………………… 023
　　　三、绩效管理的作用、目的与误区 ……………………………… 026

　　第二节　竞争战略概述 …………………………………………… 029
　　　一、战略 …………………………………………………………… 029
　　　二、竞争战略 ……………………………………………………… 031
　　　三、战略分析工具 ………………………………………………… 032

　　第三节　人力资源战略管理概述 ………………………………… 034
　　　一、人力资源管理 ………………………………………………… 034

二、人力资源战略管理 ·· 036
　　三、人力资源战略管理与企业战略的关系 ························ 037
第四节　相关理论基础 ·· 038
　　一、人本管理理论 ·· 038
　　二、利益相关者理论 ·· 039
　　三、激励理论 ·· 039
　　四、关键绩效指标理论 ·· 040
　　五、可持续发展理论 ·· 040
　　六、低碳经济理论 ·· 041

第三章　战略绩效管理　// 043

第一节　战略绩效管理的内涵 ·· 043
　　一、战略与绩效管理的关系 ·· 043
　　二、战略与绩效管理脱节的原因 ·································· 046
　　三、战略绩效管理的含义 ··· 047
　　四、战略绩效管理的特点 ··· 048
　　五、影响战略绩效管理有效实施的内外部因素 ················ 049
第二节　战略绩效管理工具 ·· 050
　　一、关键绩效指标 ·· 050
　　二、平衡计分卡系统 ·· 052
　　三、战略绩效管理工具 ·· 057

第四章　基于平衡计分卡的战略绩效管理系统的设计　// 059

第一节　基于平衡计分卡的战略绩效管理系统的意义 ············· 059
　　一、基于平衡计分卡的战略绩效管理系统 ······················· 059
　　二、战略绩效管理系统设计需注意的问题 ······················· 061
第二节　战略绩效管理系统设计基本步骤 ······························· 062
第三节　战略目标的分解及绩效指标体系的构建 ····················· 063
　　一、战略目标的分解与绩效指标体系构建的基本步骤 ······· 063
　　二、战略目标的分解 ·· 064
　　三、绩效指标体系的构建 ··· 065

第四节　不同竞争战略的平衡计分卡地图 …………… 069
一、成本领先战略的平衡计分卡地图 …………… 069
二、差异化战略的平衡计分卡地图 …………… 071
三、不同竞争战略的平衡计分卡系统应用 …………… 072

第五节　基于平衡计分卡的战略绩效管理系统实施 …………… 074
一、绩效管理过程 …………… 074
二、绩效管理结果的应用 …………… 082

第五章　基于平衡计分卡的战略绩效管理系统设计及实施保障　// 084

第一节　基于平衡计分卡的企业战略绩效管理系统设计——以Z公司为例 …………… 084
一、Z公司绩效管理现状 …………… 084
二、Z公司战略绩效管理系统的构建 …………… 088

第二节　基于平衡计分卡的高校战略绩效管理系统设计 …………… 095
一、平衡计分卡应用到高校战略绩效管理的可行性分析 … 095
二、高校绩效管理中存在的问题分析 …………… 097
三、高校战略绩效管理系统的设计 …………… 099

第三节　基于平衡计分卡的战略绩效管理系统的实施保障 …………… 107
一、战略管理保障 …………… 107
二、组织建设保障 …………… 108
三、企业文化保障 …………… 110
四、管理制度保障 …………… 113
五、信息技术保障 …………… 115

第四节　基于平衡计分卡的战略绩效管理系统的对策与建议 …………… 117
一、要有明确的战略目标 …………… 117
二、营造全员充分重视的氛围 …………… 117
三、提高信息管理的质量水平 …………… 118
四、深化整改较为突出的问题 …………… 118
五、强化部门间的协同工作能力 …………… 119

六、构建核心推进团队 …………………………………… 119
　　七、重视平衡计分卡系统 ………………………………… 120

第六章　战略绩效管理系统的未来发展方向　// 121

　第一节　战略绩效管理的数字化变革 …………………… 121
　　一、数字化变革对企业的影响 …………………………… 121
　　二、绩效管理数字化变革的必然性 ……………………… 123
　　三、绩效管理数字化变革存在的现实困境 ……………… 127
　　四、绩效管理数字化变革的策略 ………………………… 128
　第二节　"双碳"目标对企业战略绩效管理系统的影响 …… 134
　　一、"双碳"目标的内涵 ………………………………… 134
　　二、"双碳"目标下企业碳绩效评价体系构建的必要性
　　　　分析 …………………………………………………… 135
　　三、"双碳"目标下企业碳绩效评价体系构建 ………… 136
　　四、"双碳"目标下提升企业碳绩效评价的对策建议 … 138

第七章　研究结论与展望　// 140

　第一节　研究结论 ………………………………………… 140
　第二节　研究展望 ………………………………………… 141

参考文献　// 142

第一章
绪论

绩效是指一个组织或个人在一定时期内为实现既定目标所付出的努力和取得的成果。绩效管理是一种以提高组织和个人绩效为目标的管理方法,通过设定明确的绩效目标、建立有效的激励机制、实施科学的绩效评价等手段,促进组织和个人不断提高工作效能。经济高质量发展是提高绩效的基础,同时经济高质量发展又需要绩效管理的支持。在经济高质量发展过程中,绩效管理可以帮助企业和政府部门更好地实现战略目标,提高资源配置效率,促进经济结构的优化升级。如果经济发展水平较低,那么在资源配置、产业结构调整、环境保护等方面就会面临较大压力,影响绩效的提升。经济高质量发展与绩效管理之间存在密切关系,二者是相辅相成、相互促进的。一方面,经济高质量发展为提高绩效提供了良好的外部环境和内在动力;另一方面,绩效的提升又反过来推动经济高质量发展。例如,企业通过提高绩效,可以实现更高的利润水平,从而增加投资、扩大生产规模,进一步推动经济增长。政府部门通过提高绩效,可以更好地履行职责,为经济社会发展创造更加有利的条件。在新时代背景下,我们要深入理解经济高质量发展的内涵和要求,同时将绩效管理贯穿于经济社会发展的全过程,努力实现经济高质量发展与绩效提升的良性循环。

在竞争日益加剧的今天,借助科学完备的绩效管理体系,能够起到提升内部绩效以及促进企业战略目标达成的作用,能够在一定程度上丰富绩效管理理论体系并为绩效管理实践提供指导。然而,有些企业的管理者将绩效管理看作一种单纯的员工管理,而忽略了更高层次的组织目标的实现,这明显违背了绩效管理的初衷,也就没有了应有的效果。所以,必须将传统的绩效管理与企业战略相结合,建立符合企业实际需要的战略绩效管理系统。除此之外,平衡计分卡方法能够将企业的战略目标与绩效衡量指标更好地结合在一起,弥补传统的只注重财务指标的绩效管理模式下战略规划目标与绩效管理目标之间存在脱节的缺陷。

战略时代已经到来，对于企业的发展来说，战略的重要性不言而喻。但是很多企业存在制定了战略目标但下属部门或员工并不清楚的情况，企业并不能很好地进行战略绩效管理，这主要是因为缺乏有效的衔接工具来整合战略与业绩之间的关系，即使有，也常常因为不能很好地掌握绩效管理工具的有效使用方法进而使其难以真正发挥作用。为改善此现状，企业需要借助合适的方法将企业战略规划与绩效管理目标进行有效联结，并真正发挥作用。

战略绩效管理系统，是公司战略规划和战略执行之间的桥梁。战略绩效管理系统的不完善是很多企业战略不能落地的主要原因。战略绩效管理系统的研究能够帮助企业更加准确地制定适合企业发展的中长期战略目标，并且能够帮助企业根据市场环境和内部经营过程的变化，相应地调整企业的战略目标。绩效管理系统可以通过绩效考核结果，对具体绩效目标的责任人进行追踪，更好地保证企业战略目标的实现。而战略目标的实现要依赖于企业的各级管理人员和员工，他们是企业经营的主体。企业中人力资源管理活动的核心是如何激发员工的工作积极性以保证绩效目标的完成，而且员工在帮助企业实现战略目标的同时，也能实现个人的价值和目标，获得相应的激励。基于战略的绩效管理正好能够兼顾企业和员工的诉求。

近年来，平衡计分卡作为企业战略绩效管理中一种综合性、系统化、科学化的工具，引起了国内外学者广泛的关注和大量的研究。许多学者对平衡计分卡的相关理论进行了探讨，并取得了丰富的研究成果。为了实现企业的战略目标，提高企业的核心竞争能力，实现企业的长远发展，越来越多的企业开始尝试采用平衡计分卡方法。将平衡计分卡作为绩效管理的方法之一嵌入整个管理工具的框架下，并将平衡计分卡与其他管理工具有效整合，让整个企业的绩效管目标与企业的战略目标保持高度的统一。运用平衡计分卡方法将影响战略目标实现的具体战略任务转化为关键绩效指标，通过有效的绩效管理方法能够帮助企业将战略目标、战略任务和经营管理责任层层传递。

因此，利用平衡计分卡这一管理工具，可以将企业战略规划与绩效管理目标有机地联系起来，建立起一套行之有效的战略绩效管理系统，可以通过各级部门和员工绩效管理目标的达成来实现企业的战略目标，同时使企业与员工的绩效都能得到有效提高。同时，通过应用战略绩效管理工具，对企业的中长期战略进行梳理和分析，确立保证战略目标实现的战略任务和关键要素，明确公司经营的重点与难点。通过对战略绩效指标客观、公正的评价，打造基于工作责任、绩效和能力的激励机制，帮助企业实现战略目标。本书的研究目的是，希望能够建立起一套有机结合企业战略规划和绩效管理目标的系统，将企业的战略规划分解成相应的绩效管理目标，构建能够有效实施的战略绩效管理系统，实现企业和员工的双赢。这对于企业形成核心竞争力、实现可持续发展具有重要的实践意义。

第一节　绩效管理的发展研究

一、绩效管理在国外的发展历程

绩效管理系统是一种度量、评价、影响员工工作表现的系统，并据此发现员工工作的有效性和发展潜力，通过绩效评估使员工个人、组织共同受益。绩效管理一直以来都是国际研究中的一个热门领域，已经形成了一套相对完备的理论体系，大部分学者对绩效管理的作用给予了肯定。1494 年 Luca P. acioh 提出的复式簿记标志着近代会计的诞生，同时也推动了绩效管理初始理论的诞生。在其发展初期，随着第一次工业革命的爆发，资本主义国家的企业发展突飞猛进，工业企业迅速成长，促进了规模经济的发展，这个阶段的企业，更加关注生产效率和公司效益。1930 年杜邦公司提出一系列财务比率，通过分析各项比率之间的逻辑关系发现企业经营绩效中的问题。20 世纪初，随着美国股市经济的发展及世界经济大萧条，以财务效益为主的绩效指标体系需要进行扩充，在此期间绩效管理理论得到了补充和发展。Peter Ferdinand Dmcker 于 1954 年在《管理实践》中提出了目标管理的概念，指出利润最大化并不是公司经营的唯一目标，客户、市场、员工、企业责任等都可以对企业绩效产生影响。1977 年 Chandler 对绩效管理进行了一次全新的研究。他利用杜邦的财务指标模式，把几家小型企业合并，建立起一套完整的绩效评价体系。1990 年 Murphy 指出，由于行为影响结果，因此绩效是企业在运营过程中能被观察到的主要行为，通过进行绩效管理，来观察企业运营结果，使结果以更加客观的方式体现出来。1995 年 Bernadin 认为，绩效是企业的经营结果，因为对工作结果的管理是投资者、员工、管理层等利益相关者最密切关注的内容，开展绩效管理是为了体现企业经营成果，使员工受益。

随着大多数企业的财务体系愈加复杂庞大，绩效管理研究开始重点考量与股东价值相关的财务测量，这个阶段基于价值和经济附加值（EVA）的管理模式被许多企业运用。到了 21 世纪，随着信息技术的不断发展，绩效考核理论也有了进一步的发展和补充。Fendy（2001）研究指出建设企业绩效管理系统，这个系统集合了人力资源管理、财务管理、运营管理、信息系统管理及市场管理等功能。Andy Needly（2006）认为，绩效就是企业运行的效率和效果。企业应明确绩效管理计划，同时管理组织氛围，尊重员工的看法和支持积极的态度，以提高绩效水平。

也有部分学者对绩效管理的相关因素进行了分析。Johh（2012）提出了基于感知和响应（SaR）系统的绩效评价管理体系，他认为 SaR 系统赋予了商业智能系统具备及时应对外生和内生事件所需的智力。为此，SaR系统需要明确关键绩效指标（KPI）以及它们的相对权重。Qiu M等人（2015）提出了企业应当围绕经济、社会责任、客户群、文化、创新等方面构建新的绩效管理体系。Yoon-ho K（2015）等人认为企业应该构建一个系统性的平台，增强企业员工的学习能力，以便企业能够更快地适应市场的竞争。Chouhan（2018）指出，绩效考核应当是一个综合性的概念，其中包括了一整套具有科学性和系统性的过程，企业的绩效管理体系不应当只将注意力集中在经济指标上，还应当将其他方面的因素也考虑进去，比如客户运营、员工学习和成长等指标。

在绩效管理实际应用上，Melnyk（2014）关注到了英国四大国有企业绩效不佳的问题，基于绩效管理的设计、方法、管理开展研究，塑造全系统资源的理论框架以推进绩效管理在企业中的应用。Shan J. A（2020）等人认为，在医院管理中，绩效评估对于提高医疗服务质量至关重要，改进的绩效管理关系到许多部门的利益，需要大量具有不同背景的专家参与到医疗保健指标的评估过程中。Monday Osemeke（2020）主张要对绩效管理结构和平衡计分卡模式进行合理的设计，并利用文献评价的多个视角来佐证绩效评价在企业实施管理中的功能。GRruen Bicheler（2021）认为业务绩效管理（BPM）是实现中小企业业务目标和提高竞争力的工具。当BPM得到实施和度量时，它可以提高企业的可持续性和竞争力。尽管BPM有潜在的好处，但由于缺乏资源（主要是个人或财务资源），它在中小企业中往往被低估。

二、绩效管理在国内的发展历程

相较于国外，我国在绩效管理方面的研究起步较晚。目前我国大部分的绩效管理理论都基于西方现有的绩效管理理论，对较为成熟的绩效管理制度进行延伸和阐释。随着21世纪的到来，我国学者对绩效管理理论的研究和应用逐渐重视起来。

刘树奎（2019）指出，在一家医院对ICU的护理人员进行360度考核，并向考核对象本人反馈考核结果，从而大幅提升了护理人员的工作热情。徐靓和孙晓芳（2019）将KPI应用于某神经外科护理人员的绩效考核之中，激发了护士的工作主观能动性。许金叶（2019）采用AHP方法（层次分析法）对F公司2019年的财务业绩指标体系进行了研究，从而发现AHP方法在搭建绩效管理系统中的作用。姚凡冰（2019）根据国外石油工程项目的特征，将KPI体系运用到项目控制和考核评比中。曾春花、张泽锋（2019）提出，绩效管理应该在工作中进行实时监控与跟踪，并对工作结果进行评估、总结与反馈。王雪原和曾灿（2019）指出，目前，国内企业已建立了一套较为完整的公司绩效管理体系，包括管理流程、系统设计和战略实施手段等。赵丹阳（2020）提出，利用战略地图来强化企业的绩效管理,在企业的发展中发挥着越来越大的作用,而且可以更好地实现企业的战略目标,从而使企业的管理水平得到进一步的提升。吴增喜(2021)提出,随着企业的发展,通过构建绩效管理指标,可以提升企业的绩效管理水平,从而有效提升企业的运营效率。付树林和何强(2022)认为,在开展绩效管理的过程中,引进并创新应用平衡计分卡的理念,在我国税务机关构建一套切合实际、有效的绩效考核体系,为我国税收事业的发展打下坚实的基础。余进和李力(2023)基于绩效管理理论,对当前公共医疗机构进行了细致的分析,并从成本控制、效率优化等多个方面,探讨了公立医院精细化管理的方法和措施。张娟娟(2023)等人认为,通过完善制度体系、持续强化内控等保障措施,可以持续推动我国高校绩效管理工作的实施。

三、绩效管理的发展研究特点

1976 年,Levinson 指出"当时在用的绩效评价系统都多有不足",基于这个背景,国外学者在总结绩效评价不足的基础上拓展研究并于 20 世纪 70 年代后期提出了"绩效管理"的概念。随着管理理论与实践的不断深入,人们逐渐认识到绩效管理是企业或组织为达成战略目标而持续开展的一系列活动的过程。该过程应包含计划制定、辅导沟通、考核评价、应用反馈等。这种观点于 20 世纪 90 年代末期在国外学术界基本达成一致。相比之下,国内的理论发展相对滞后。1998 年以前,我国大部分企业以人为中心进行人事考核,考评结果主观性较强。1998 年以后,考核方式由人事考核逐步转为绩效考核。2002 年,我国部分企业开始引入绩效管理体系,并随着时代的发展在不同的领域内不断创新优化。

国外学术界中,Brown 和 Kane 等(2019)认为以往的文献多是关于绩效评估方面,而不是以整体的方式进行绩效管理调查。Pulakos 等(2019)通过回顾绩效管理的演变史,得出绩效管理已成为一个复杂的、多方面的、多层次的具有挑战性的过程,且大部分企业绩效管理成本投入与价值产出不成比例。他们认为,在管理步骤、工具上的改进没有达到增加价值的期望效果,未来的研究应该基于人性化、个性化等更全面的因素进行深层次探讨。Agrawal(2022)以了解绩效管理的当前趋势为目的对印度信息技术公司进行案例研究,研究发现,公司在绩效管理的过程中认识到员工的潜力和表现,给了员工很大灵活性,这种处理方式给公司带来非常好的效果,也印证了 Pulakos 等(2019)关于绩效管理研究方向的思路。

国内学术界中,崔健、李晓宁等(2019)对国内 2002~2017 年间与绩效管理体系有关的研究文献进行分析,发现相关研究多以案例为主,存在着数量不足、领域分散、质量不高等问题,他们认为开创新的视角、开发新的工具、加大对民营企业的关注等有助于提升国内绩效管理研究水平。周宇霞、龙腾(2019)

结合现有国内文献，通过对战略性绩效管理的发展历程进行梳理得出，战略性绩效管理可以将个人、部门、公司的目标进行有机结合以发挥其最大优势，并建议国内学者今后应开展更加具体的实证研究。马蔡琛（2020）通过文献分析发现，我国"预算绩效管理"的研究主题相对集中，跨学科研究特征鲜明，但对实践指导意义不大，建议新时代的相关研究应理论结合实践并力求使研究具有创新性和全面性。沙锐（2021）在对我国科技项目绩效管理体系进行研究时发现，国内相关研究的热度与政府政策有很大相关性，但存在对管理过程和指标相关的研究较少、理论与实践脱节等问题。

第二节　战略绩效管理的发展研究

一、战略管理

1982年迈克尔·波特（Michael Porter）在其对"竞争战略"的研究中展示了"五种力量模型"的影响。潜在进入者、现有竞争对手、替代品、顾客和供应商共同影响组织的发展潜力和盈利能力。企业为了制定合适的策略，必须对组织的环境有清楚的了解并采取合理的策略。他的另一个重要贡献是分析研究"价值链"，他发现工业区位和外部环境最终决定了企业实体的盈利能力。DEC的总裁Jane Hopland和第一批管理科学家Roger Knight在20世纪90年代提出了"战略联盟"的概念，通过和其他企业（同行或跨行）、个人等建立长期或短期合作增强竞争力，开拓新的业务领域，这一概念超出了以前研究的战略管理理论的范围。1997年Colin进一步完善了战略管理理论，并提出战略管理应考虑内部和外部环境与组织发展计划之间的关系，以及整体战略和长期关系。Halison（2001）研究了战略管理的实施，并指出战略管理应包括：优化资源的分配和有效利用，以提高企业的资源利用率，而且进行研发和创新可以为组织增值。该研究尽管指出了战略合作的重要性，但仍然缺乏对企业整体业务前景的分析。Lell（2002）研究了组织所处的一般环境，并建议如果组织希望更好地适应和融入工作环境，必须制定战略计划并严格执行。Packer和Messiah（2008）在业务生态系统的背景下，对战略管理进行了更全面的讨论，并提出了合理的产品或业务模型组合，以使组织受益并赢得竞争。David的研究（2019）发现，人力资源的作用体现在共同管理和共同行动的实践中。从这个意义上说，绩效管理应与人力资源管理中的其他职能部门协作，并根据组织的行业环境、发展阶段、生命周期和资源状况，全面分析和定义组织的内部和外部环境。该阶段的战略目标实现的重点应将战略人力资源管理作为战略管理的关键环节，并将其整合到组织战略规划与战略实施中去。

国内的学者张颢瀚在2018年分析了企业竞争战略的工具，并分析诊断企业战略发展的当前状态，计划根据平衡计分卡评估企业战略的实施情况。根据张华益（2018）的观点，将战略发展环境纳入企业绩效评估过程的分析，是全面评估企业未来发展道路和实现可持续发展的必然选择。孟真（2018）研究了中国企业战略管理的现状，认为我国大多数企业的战略实施还不完善，提出了一些普遍的实际问题。周晓萍（2018）的研究表明，有针对性的战略管理是企业运营管理、企业效率管理、企业战略管理的前提，而企业战略管理是企业治理的工具，也是企业治理的重要组成部分。白立英（2018）研究制定了战略应对流程，认为战略管理对企业管理的实施具有非常积极的作用，可以使每个人都对企业的战略目标有较充分和系统的认识。随着战略管理理论的发展和实施，人们逐渐认识到战略管理可以使组织的长期可持续发展充满活力。

二、战略绩效管理的发展研究

（一）战略绩效管理在国外的发展历程

战略绩效管理，将企业战略纳入绩效管理，不仅反映企业的经营情况，而且反映企业战略的执行情况，为后续企业战略的调整奠定基础，促进企业战略及时革新。有关战略绩效管理的研究，国外起步较早，对其内涵许多学者都有相关表述。1990年，有学者提出基于战略方法的"企业增长理论"，该理论指出战略因素在企业经营扩张的过程中起到至关重要的作用。Lynchand Cross（1990）基于企业发展理论，研究了企业绩效管理的现状，并指出了企业成长环境与战略绩效评估之间的联系。1992年，Lynch明确提出了企业绩效金字塔模式，即将财务、非财务信息与企业战略紧密联系在一起的绩效评价，从此开启了绩效管理的新阶段——战略绩效管理。1995年，彼得·德鲁克提出，企业需要构建"战略绩效管理体系"。此后，众多专家学者对战略绩效管理体系的构建及应用展开研究。Dunk（1998）对绩效管理的概念作出了定义，他把绩效看作是战略规划下一系列与个人在组织或组织中工作的目标相关的行为。Neely（1993）提出了绩效三棱柱模型，注重企业战略、能力、流程三个层面的合作，对现有战略业绩评估系统进行查找和补充，将受益方的终极目标转变为价值的实现。在认识各方面的关系时，受益人的最终需求是制定战略绩效目标的初衷，最终目的是获得收益，具体的策略是制定工作业务的流程，并且将流程作为整个战略目标实施的有力保障。Campbell（1993）认为，有利于企业发展的成功的战略计划不应该轻易地被竞争对手复制。因此，对公司战略绩效的评估应考虑被竞争对手复制的可能性，例如可以在产品定位方面开发这方面的独特指标，然后将它们整合到公司战略绩效评估中。Kaplan和Norton（1993）认为，企业过程管理是企业战略绩效管理的重要组成部分，并提出了将企业战略目标和企业过程管理相结合的战略绩效框架。Alan Butler、Steve R. Letza 和 Bill Neale（1997）研究了公司战略管理和公司人力资源管理的现状，发现大多数公司将员工评估与公司战略管理等同起来，并逐步分散公司的总体目标。对于个人而言，这不能被视为真正的战略绩效评估程序，而只能视为定量分配。同时，他们提出了现有企业战略管理与企业员工管理之间的相容性问题，并建立了员工评价与企业战略管理协调发展的框架。Aivazian（2005）研究了 308 家企业以及 121 家非营利国有企业的战略绩效管理情况，采用随机效应和固定效应模型进行分析与对比。结果表明，企业化可以有效提高企业的管理水平，对于市场行为监管更加有效；管理者个人的绩效、企业绩效和企业战略之间存在一定关联；企业绩效的增加能够提升管理者的管理积极性；不断创新经营机制，使企业绩效始终处于上升状态，使战略目标更容易实现。因此，企业实行战略绩效管理对改善经营状况有非常好的促进作用。

Anagha G（2010）为实施公司战略绩效建立了有效的指标，包括对公司产品、服务、财务、人力、运营和市场份额进行全面评估，最终达到公司战略绩效的效果。Anurag Jain（2010）研究建立了基于人员、财务、年度目标和安全措施的战略绩效评估系统，并且使用了专家评分方法来评估每个指标的权重。Jamie（2011）认为，企业绩效管理应当从整体与局部综合进行，通过对宏观与微观层面的把控，来指导绩效管理的具体执行；并合理优化平衡计分卡制度，对宏观与微观层面的各因素进行综合考虑，如企业内部的管理形式、组织结构、所有人形式，以及外部的市场环境、国家政策等。Paula Mendes 等（2012）发现，企业人力资源管理是企业战略管理的重要组成部分，但并非完全相同，他强调了要加强人力资源评估与公司战略绩效管理的有效整合。

国外学者非常重视企业战略绩效评估的有效性，并开发了许多企业战略绩效评估模型。Stuart A. Napshin 和 Gaia Marchisio（2017）使用许多欧洲公司的战略绩效指标来评估企业战略绩效计划实施后的影响，并应用模糊综合评估方法来证明战略绩效评估系统的适用性。Akhtar 等（2018）提出了基于六个步骤的战略绩效管理体系，即准备、评估、回顾相关文件、选择合适地点、明确评价信息和激励员工。

对于战略绩效管理的相关因素，国外学者也进行了较为充分的研究。Marsden 等（2018）认为，必须建立一个清晰、明确的指标，而且要询问管理层与员工的意见，以确定员工是否能够实现这个目标。业绩指标是不确定的，既要适应公司的发展，也要能体现市场的发展趋势和方向。所以，在业绩评价中，经理不但要对员工进行评价，还要对其进行指导和协助。

大部分企业都认同并采用战略绩效管理的观念后，大部分学者对战略绩效管理的实际研究也很充分。Timeea 等（2018）指出，国外企业的战略绩效评价方法主要有：主要绩效指标评价、目标管理、平衡计分卡、360度绩效评估、主管述职评价等。Moores（2023）认为在对影响企业战略绩效因素进行研究时，不能将分析和研究重点放在公司单个层面上，应当综合考虑市场外部环境和公司内部因素相互作用的结果，才能得出更为科学合理的研究结果。Abueif等（2023）提出了将公司经营战略与财务报告评价相结合的方法，建议对公司的品牌价值进行定量，并将其纳入财务指标中，并对其在实践中的运用提出了一些切实可行的建议。

（二）战略绩效管理在国内的发展历程

战略绩效管理的相关研究在国外开展得较早，国内对其也有一定的研究成果。随着我国绩效评估理论和工作管理理论的发展，我国学者在战略绩效管理中的研究成果也逐年增加。

方文彬（2011）指出战略绩效管理体系中除了影响企业各方面发展的财务指标，还包含了环境、社会责任等非财务指标。崔婷（2017）认为战略绩效评价的科学性成为战略绩效管理活动成功开展的关键；并以航空公司为例，分析了航空公司运营过程中存在的收益脆弱性、营运成本较高、成本可控性较差等缺陷以及运营复杂性、综合性以及系统性等特性，对上述因素和航空公司战略绩效评价体系之间的联系进行了分析。在此基础上，通过平衡计分卡形成了航空公司战略地图，建立了对应的战略绩效评价指标体系。徐光华和邵冶秋（2018）从外部环境和企业自身的实际需要出发，提出了在新的外部环境下，现有的战略绩效评估系统存在一定的局限性。为适应现代服务业的发展，必须把核心技术的研究与营销等关键外在要素纳入企业的战略业绩评估中去，使其持续完善。许金叶（2018）指出企业管理和企业战略相互影响，是企业形成核心竞争力的重要手段，因此企业管理需要不断向战略目标靠拢，形成有效的绩效评价体系。郭春亮（2018）等认为不管是施工项目还是服务，战略绩效管理都会根据内外部市场环境，制定更加适合企业发展的战略目标。崔健（2019）选取了财务、客户、内部经营过程以及学习与成长作为指标，建立了民营企业的绩效考核指标评价体系，通过财务以及非财务指标相结合的方式，丰富了基于战略的绩效评价体系的理论内容和实践经验。

对于战略绩效管理的实际应用，颉茂华（2019）用案例研究法，以A网约车公司为研究对象，基于组织结构视角，探究数据驱动能力对企业战略绩效的推动作用以及其内在机理。研究表明：数据驱动能力来自数据获取、数据组合分析与数据利用共同形成动态循环的驱动机制，其中数据驱动能力会依据时间和空间维度的深化由弱至强，进而通过适配的组织结构影响企业战略绩效。孟学勒（2011）、郑伟（2019）、尚煜（2020）等认为战略绩效管理不仅仅针对企业的短期业绩，还关注企业的客户、市场、员工等其他方面，关注企业的长期可持续发展。陈文超（2021）通过对价值链流程、战略预算等环节的探究，得出结论：战略绩效管理的实际运行结果和量化分析、战略落地等环节存在密切联系，企业文化建设能够对战略绩效管理起到显著推动作用，只有在综合运用的基础上才能保证战略绩效管理顺利实施，稳妥推进。吴爽（2021）指出，在战略绩效管理中，绩效管理工作要为经营主体的发展战略服务，其基本目标是提升组织的整体实力，从而保证组织的长期发展。王皑雪（2021）指出，通过绩效管理模式的创新，建立并完善各种管理机制，能够更好地推动机械制造企业实现自己的战略发展目标与绩效管理工作相结合，从而使绩效管理工作在企业实现其战略目标中所起到的推动作用得到最大程度的体现。侯平平等（2022）采用深度访谈法搜集数据，针对线上旅游服务业，采用层次分析法以及模糊综合评价法建立了企业战略绩效评价体系。在教育行业的发展方面，韦丹（2022）认为高校构建的基于"协同创新"的绩效管理体系，以创新为目标，高校、院系和教师协同供给优势资源，绩效管理体系为该体系提供支持和保障。高校实施基于"协同创新过程"的绩效管理体系，应从制定"创新战略"、深化"放管服"改革、促进"沟通与信息共享"机制建立和分阶段推进四个方面实施。

第三节 平衡计分卡的发展研究

一、平衡计分卡的发展历程

（一）平衡计分卡在国外的发展历程

1992年，美国的Kaplan和Norton首先提出了"平衡计分卡"概念，该概念在全球范围内很多企业的绩效管理中得到了应用，并指出绩效管理应基于财务、顾客、内部经营过程、学习与成长四个维度。Kaplan和Norton（1993）发表《BSC的实际应用》，应用BSC（平衡计分卡）进行企业绩效管理，结果表明企业内部经营过程方面较差，并对如何改善内部经营过程提出建议。Kaplan和Norton（1996）继续对平衡计分卡进行深入研究，发表文章《将BSC用于战略管理系统》，文章指出：企业的战略目标对企业绩效管理非常重要，并且基于平衡计分卡的战略绩效管理应围绕战略地图展开，并要时刻根据战略目标的调整改变评价指标。Littler（2000）等以英国的零售银行业为个案，实施将"中心能力"与"平衡计分卡"相融合的策略，为银行业的发展开辟一条更为理性的新途径，并获取强有力的竞争优势。Banker（2004）等认为，随着企业获得的战略信息的数量越来越多，其评估指标也就会越来越多地依靠战略，这就证明了平衡计分卡可以将战略与业绩评估指标联系在一起。Amado等（2011）在理论架构上对平衡计分卡的整体架构及详细内容进行了剖析，并指出平衡计分卡应该包含两个方面：结果考量与绩效提升。Keller S（2011）等建立基于平衡计分卡的绩效管理体系，来解决在公司发展的过程中所遇到的问题，并对四个维度展开了较为详尽的论述，这对于完善公司战略绩效管理体系有着很大的帮助。Michael（2013）指出，对于一家大型公司来说，要想获得良好的发展，所采用的战略绩效管理体系绝对是非常关键的，一个好的战略绩效管理体系能够让公司的管理效率得到明显提升。

Wake（2015）研究表明，对企业进行战略地图绘制时，需要将战略目标细分到组织、个人，对战略目标的细化工作能够加强企业管理和企业运营的连接。有学者运用战略地图与平衡计分卡这两个战略绩效管理工具，首先确定公司战略目标，再将战略目标进行层层分解，形成部门、员工层面的考核指标，最终建立起基于平衡计分卡的企业战略绩效评价体系。Kunz 和 Siebert（2016）对如何实施平衡计分卡提出了具体的步骤，以便在实践中充分发挥平衡计分卡的作用，为公司提供更多的帮助。Eftimov L（2018）指出，平衡计分卡作为绩效管理工具能够对教育机构未来的发展起到积极作用。Nicolas 和 Stefan（2018）指出，针对不同的群体，应当采取不同的业绩评估标准，特别是在某些拥有特殊技术和身份的岗位上。Matthias Wenzel（2018）等认为实施战略绩效评价体系需要注重团队的组建、企业文化的塑造和高层领导的能力等方面。Rafiq M（2020）以平衡计分卡为理论视角，以组织绩效为干预变量，研究战略管理系统对可持续发展的实证效果。Benková（2020）等指出，在管理企业时考虑非财务因素对使用平衡计分卡方法是十分重要的，并进一步验证使用了特定方法与未使用该方法的人力资源和财务资源之间的相关性。

有学者以一家公立医院为案例，使用平衡计分卡来确定管理创新对企业亚文化的影响。最后得出，具有主导文化的群体更容易接受变革，实施管理创新可以影响企业亚文化，也可以在每个亚文化群体的文化中创造更多的平衡。同一年，Zawawi 和 Hoque 将平衡计分卡应用于澳大利亚政府机构中，他们认为保持平衡计分卡在政府实践中的可持续性非常重要，并通过在政府机构中的实证研究得出，组织的绩效管理系统可以随着时间的推移被组织参与者同化，成为复杂社会和政治环境中可持续的内部控制机制。Gokalp Y 等人（2022）指出，企业的组织建设可以通过平衡计分卡体现。Wanderley 和 Cullen（2022）以一家国有转私营的巴西配电公司为案例对平衡计分卡的应用创新开展实地研究，提出运用平衡计分卡进行绩效管理更具有复杂性、时间相关性及同步性。

（二）平衡计分卡在国内的发展历程

2003 年，卡普兰（Kaplan）教授应邀来中国进行宣讲，他认为中国企业对平衡计分卡的应用没有与企业战略相结合，而是局限于作为一种考评员工的工具。这种理解是片面的，也无法帮助企业取得成功。继卡普兰教授中国行之后，华润锦华公司率先在企业内部推行平衡计分卡。随后的几年，虽然相关研究文献的数量持续上升,但国内实际应用平衡计分卡企业的数量却增长缓慢。吴金梅(2000)指出平衡计分卡是一种有效的战略绩效管理方法,能够促进企业战略目标的达成。Lee 和 Yang(2011)结合168家我国台湾地区上市公司的有效数据,使用平衡计分卡对"竞争、组织架构对设计绩效测量系统的影响"以及"它们对绩效的共同影响"进行了考察。刘丰收(2004)认为使用平衡计分卡是企业进行绩效管理的正确选择,它的评价结果非常全面,多维度的评价结果有利于加强企业的管理。方振邦、罗海元(2012)将平衡计分卡引入地方政府绩效管理,以延庆县为例对平衡计分卡体系的构建进行探讨。他们认为,平衡计分卡模式适用于我国地方政府绩效管理的现状,并对这种模式未来在政府机构中的应用持乐观态度。

祝钧萍等(2015)发现平衡计分卡在 ZZ 药业公司的有效实施对优化企业内部经营过程、客户管理,降低人力及信息成本均有促进作用,并通过影响这些非财务绩效达到了间接影响财务绩效的效果。杨思静、杜海霞(2015)基于平衡计分卡的四个维度构建了针对我国商业银行的客户信用评级模型,并通过案例验证了模型的可行性及有效性。肖恺乐(2016)则将研究重点从综合性政府部门转向执法部门,以武汉市税务局为案例,突破平衡计分卡原有的四个维度,结合税务执法部门特有属性,重新设计了五维度平衡架构,以期向类似政府执法部门提供有参考意义的绩效评价体系。卫雅琦、陈平泽(2016)把平衡计分卡应用于高校预算,并以两年财务数据为基础对构建的绩效评价体系进行实证分析。邹芮和陶峥(2018)认为,作为一种绩效管理的工具,平衡计分卡可以使员工、企业、顾客三方从一种单一的传递方式,逐步变成三方相互影响的回馈方式。袁雷(2018)在平衡计分卡的基础上,探讨了如何构建一套适用于高等职业教育特色的教师考核指标体系。张梅荷和谢林玲(2018)运用平衡计分卡理论,对应用型大学教师业绩进行了评估。陶铮等(2018)认为,绘制公司战略地图需要明确企业愿景,基于平衡计分卡这一战略绩效管理工具,搭建公司的战略绩效管理体系,从而实现公司的战略发展目标。许娅楠(2018)将青岛啤酒作为研究对象,从财务、顾客、内部经营过程和学习与成长四个方面搭建新的绩效考核体系,为公司的发展做出了贡献。尹效国(2018)以 H 公司为案例,进一步对公司战略绩效管理体系进行了探究,认为绩效管理要取得成功,持续的文化建设是必不可少的部分。孙艳兵(2019)利用平衡计分卡对一家高科技企业的绩效管理体系进行改进,以企业自身发展战略愿景为依据,通过绘制战略地图、编制平衡计分卡、设计指标权重、制定行动方案等方式,来建立企业的战略绩效管理体系。李建军(2019)运用平衡计分卡理论将指标分为四个维度,并运用 AHP 方法对各个指标进行了权重计算,对农产品电商进行研究。田世海和张家毓(2019)提出,以平衡计分卡和系统动态理论为基础,定量地分析了企业网络舆论的管理效果,从而帮助企业在面对网络舆论的时候,采用更加理性的方法进行管理。邓茗丹（2019）指出，企业绩效管理中的问题，实质上是由于企业管理者还坚持着传统的财务至上观念，没有在观念上跟上时代步伐。王雅楠和刘佳（2019）对动态平衡计分卡进行了分析，认为动态平衡计分卡可以在一定程度上反映企业内部各个业绩指标间的相互影响，帮助管理者作出正确的决定。

刘俊勇团队（2019）以河南省肿瘤医院为例，详细讲解了平衡计分卡构建的过程以及相关问题的解决办法。黄汝椿（2020）对平衡计分卡的指标结构进行了分析，并对如何在平衡计分卡的基础上实现绩效激励进行了研究，希望能为民营金融投资公司在此基础上更好地进行绩效管理，从而提高个体和组织的绩效提供一些可借鉴的方法。张姗姗等（2020）基于平衡计分卡这个战略工具，从四个维度对商业银行绩效评价体系进行优化，对我国商业银行业绩指标体系的构建与改进提出了建议。苏碧香（2020）提出要将平衡计分卡应用到企业的业财融合中，并从财务、内部经营过程、顾客等维度展开了对业财融合实践的实证研究。李璐（2020）认为，当前，国内一些公司还在使用单一的财务指标，这种做法存在一些不足之处。因此，企业可以引进平衡计分卡，并将其与企业的发展战略相结合，以此来提升企业的经济效益。王宏伟（2020）基于平衡计分卡理论，从经济匹配、税收遵从和人力资源等六个维度构建税收管理能力评价指标体系。唐薇、张博（2020）在快速发展的物流行业中选择顺丰速运作为研究对象，从平衡计分卡的四个维度对顺丰速运的业绩进行评价，并结合行业现状提出建议以供其他企业参考。张学慧（2020）理论结合实际，基于单案例煤炭企业和整个煤炭行业的数据分别验证平衡计分卡四个维度指标对职工薪酬激励及企业价值的影响，并通过一系列的分析证明了平衡计分卡应用对煤炭行业的正向影响。樊艳琴（2021）提出，基于平衡计分卡的绩效考核体系可以促进企业优质发展，可以制定出一套与之相对应的奖惩体系，进而提升企业的经济效益。杨醉风（2021）着重对以平衡计分卡为基础的企业绩效评价体系的建设要点进行了剖析，并给出了相应的对策，这有助于了解企业的经营发展和财务状况，为企业高管及时调整企业的经营目标提供便利，从而使企业的战略目标得到最大程度的优化。吴崇兴（2021）指出，平衡计分卡作为一个战略绩效管理工具，能够克服传统的绩效管理的缺点，在内部和外部、长期和短期、财务和非财务之间形成一种比较均衡的关系，这样就可以提升企业的经营效率，还可以将员工的工作积极性完全激发出来，促进企业的长远发展。隋晓梦和肖丁丁（2021）认为，要搭建一套企业战略绩效管理体系，需要得到高层领导的重视，企业要有信息技术平台，同时企业内部之间的沟通交流要顺畅，才可以建立行之有效的战略绩效管理体系。王欣晨（2021）对乐百氏在使用平衡计分卡过程中出现的问题进行了深刻的剖析，提出了一些可以参考的策略和建议，包括加强管理层的支持，加强员工的参与等。袁斌（2021）对平衡计分卡在战略绩效管理方面的应用进行了详细的分析，构建了战略绩效管理体系，发掘和利用绩效信息的内部价值，创造一个良好的营商环境。陈芳（2022）指出，通过平衡计分卡这一绩效管理工具，搭建了一套行之有效的绩效评价体系，可以为医院的内部审计工作打下坚实的基础，提升医院内审工作水平。陈善军（2022）将A出版社作为案例，通过对其绩效考核中所面临的问题进行了剖析，并根据四个维度对其进行了分析，对照发现的问题提出了一些有针对性的解决措施。施永霞和殷俊明（2022）基于平衡计分卡对高校预算绩效评价体系进行分析，并构建出平衡计分卡战略地图。张美珊（2022）从平衡计分卡角度对企业现行的绩效评价进行分析，并提出构建过程中所存在的问题与建议。赵艳华（2022）以电力行业为例，认为在电力企业的发展进程中，平衡计分卡可以起到很大的作用，帮助企业将运营管理和战略目标管理结合，并建立起一套科学又高效的评价指标，从而推动企业总体战略目标的实现。陈登卓（2022）指出，通过运用平衡计分卡这个战略管理工具，采用层次分析法确定指标权重，形成Y集团战略绩效管理体系。陈静静和程艳霞（2023）提出，利用平衡计分卡，并且结合新零售模式的特点，构建可行的、科学的新零售企业绩效管理系统。纪峰、陈莉等（2023）认为财政部制定的与乡村振兴资金补助相关的指导意见比较笼统、考核方法相对片面。使用平衡计分卡及层次分析法有助于构建全面的考评体系，并以江苏省和黑龙江省为例，进行了绩效评价体系的构建与应用，以期为全国范围内乡村振兴资金补助考评工作的开展提供参考依据。张晨（2023）等人以科大讯飞为例，对公司的战略进行详细分析，基于平衡计分卡构建科大讯飞绩效管理体系，为其他企业的发展提供参考，从而提升我国高科技产业的总体发展水平。温素彬（2023）等人以社区服务中心为案例，探究了平衡计分卡在政府部门非营利组织的绩效考核中的应用。

综合分析国内外研究发现，国外关于平衡计分卡和绩效管理的研究均起步较早，对基于平衡计分卡的绩效管理应用也更为成熟，理论基础及实践应用相较于国内更为丰富。国外学术界依据实际案例，从多个角度对理论进行不断完善和拓展。自从平衡计分卡被引进中国后，国内外学者也从不同角度展开了关于平衡计分卡的理论和实证研究。平衡计分卡在企业绩效管理中的应用分为两个阶段：基本绩效管理阶段和战略绩效管理阶段。国内有学者在比较平衡计分卡与传统的绩效管理体系之间的不同和相似之处后，认为平衡计分卡更具有优势，可以实现战略管理与企业管理的平衡，同时可以实现财务指标和非财务指标的平衡。国内学者的文献发表数量虽然很多，但大多将平衡计分卡与其他绩效管理工具对比，或从平衡计分卡的四个维度去探讨企业存在的问题；或者在国外理论研究的基础之上，依托实际案例结合国内企业实际情况，展开对相关理论和应用的研究。国内平衡计分卡更多地应用于政府、高校、医院、银行或产值较高的生产企业。平衡计分卡本质上是一种战略管理工具，要使其发挥作用，必须在实践中进行验证。

近年来，国内对平衡计分卡的研究主要集中于探索平衡计分卡应用于中国各行业的可行性，根据各行业的特点和企业自身的实际情况，建立有利于企业发展的战略绩效管理，拓展平衡计分卡的应用领域，促进企业可持续发展。这既是对平衡计分卡在实际应用中的有益补充，又是为平衡计分卡的深入研究打下了坚实的基础，有利于平衡计分卡作为战略绩效管理工具，不断被发展和完善。平衡计分卡理论在发展历程中经历了被质疑、补充、完善、延伸和拓展等多个阶段。

二、平衡计分卡理论的发展与受到的质疑

Kaplan（1992～2000）教授在参与 Analog Device 半导体公司作业成本法推进的过程中发现，用来评价公司绩效的计分卡除了传统的财务指标外，还包含了涉及供货交货的客户指标、涉及生产参数的流程指标以及涉及新产品创新的发展指标。他意识到这种具有兼顾性的计分卡的重要性，并以此为基础与 Norton 合作开展了学术层面持续深入的研究。基于对 Analog Device 公司计分卡的深入研究和应用，Kaplan 与 Norton 在 1992 年首次定义了"平衡计分卡"的概念，在财务指标的基础之上，增加了顾客、内部经营过程、学习与成长三个维度的指标，用来帮助企业进行全方位的绩效考评。在研究的过程中，他们还发现平衡计分卡能够向执行者传递公司的战略目标。随后的 1993 年，他们明确指出企业在运用平衡计分卡的过程中，应当以战略目标为导向来设定绩效考核的指标。随着平衡计分卡在全球企业的广泛应用，两位学者在 1996 年提出应当把平衡计分卡视为战略管理系统，并给出了"如何解决传统管理系统中无法有效结合战略目标和短期目标"的方法。与此同时，博意门咨询公司在 1996 年尝试将平衡计分卡理念引入中国。虽然在个别项目上取得一定程度的成功，但是限于当时经济发展阶段和企业管理现状，平衡计分卡并没有取得较大规模的推广。

平衡计分卡发展初期还受到各方面的质疑。Alan Butler 等（1997）认为，虽然平衡计分卡得到了学术界的认可，但是根据他们对欧洲 Rexam 公司的调研，平衡计分卡的设计和结构不够完善。在同一年，Epstein 和 Manzoni（1997）也提出实施平衡计分卡是非常困难的事情，他们对企业能否根据战略目标清晰明确地实施计分卡持不乐观态度。Norreklit（2000）则认为平衡计分卡四个维度指标之间的因果关系存在问题。他认为 Kaplan 和 Norton 对"因果"与"逻辑"两个概念的区分不够明确。

三、平衡计分卡理论的补充和完善

2001 年，基于一些成功的案例，Kaplan 与 Norton 又提出"战略中心型组织"，指出可以将平衡计分卡与企业战略相融合，根据战略改变组织架构模式，以适应不断变化的商业环境。2004 年，两位学者把重点放在了战略地图的描述

上,即通过对平衡计分卡各维度相互关系的分析,高效贯穿于战略制定与执行环节,将人力、组织、信息等无形资产逐步转换为有形的成果。2006年,他们开始讨论将平衡计分卡应用于集团企业的设想,阐述了如何运用平衡计分卡在集团下属的不同业务单位开展协同工作。经过不断研究和总结,Kaplan与Norton在2009年推出以平衡计分卡为核心,结合其他领域的理论与实践,从战略制定、执行到战略检验、修正,多方面、全流程地指导企业实施战略管理的策略。

其他学者也对平衡计分卡理论进行了不同层面的补充研究。Lipe和Salterio(2000)首次将学术实验应用于对平衡计分卡的研究。他们认为平衡计分卡既包含共性的衡量指标,又包含特性的衡量指标,根据他们的实验测试,只有常见的指标才会影响上级的评估。随后几年,部分学者还从企业管理的角度结合西格玛原理和作业成本法等对平衡计分卡进行了探索。EelkeWiersma(2009)带着"管理者运用平衡计分卡有什么目的"的问题进行了实证研究,通过对19家荷兰公司的调查,他得出主要目的包含了使决策合理化、让组织更协调以及对自身进行检查修正,并逐个分析了各目的背后的驱动因素。Tawse和Tabesh(2022)以"平衡计分卡的30年:我们学到了什么?"为题展开了回顾和研究,他们通过对平衡计分卡在过去三十年间应用数据的分析,就如何高效使用平衡计分卡提出了几点建议,即:制定战略地图、承诺有效使用以及广泛参与、频繁沟通,他们认为只有这样才能最大化实现平衡计分卡的价值。

国内学者中,王化成等(2004)认为,每个企业所处的内外环境不同,企业绩效评价的目的、标准也不尽相同。所以不存在对任何企业都适用的标准评价体系。作者从企业目标、组织结构、全面预算、激励机制四个方面进行分析,得出"全面的评价指标更有利于企业的发展,中国企业应该更倾向于选择平衡模式"的结论。文中的观点也为平衡计分卡在国内的进一步研究奠定了理论基础。杨燕(2008)针对如何在平衡计分卡实施过程中客观地确定各维度指标权重做了实证研究。她以汽车制造企业为例建立层次结构、构建判断矩阵、计算并进行一致性检验,最终得出结果与实际情况基本一致,进一步说明了使用层次分析法确定指标权重的可行性。

熊焰韧和苏文兵(2008)通过对国内企业先进管理会计方法的应用情况进行调查发现,国内企业乐于接受先进的平衡计分卡理念,但是对理念了解的深度有限,大部分在实践过程中仍以财务指标为主,缺乏对其他三个维度指标的重视。为此,作者呼吁,在先进管理方法的应用上,国内学者应给予更多的关注和支持。毛国育、李祯意(2023)通过对国内过去22年的相关文献进行分析得出:国内目前对平衡计分卡的研究热点主要集中在维度优化及绩效评价体系创新上,应用范围也非常广泛,但是各研究领域之间没有形成系统。他们认为研究的精准性、可持续性以及领域间的合作都是未来发展的趋势。

四、平衡计分卡理论的延伸和拓展

(一) 与战略相关的延伸和拓展

2011年，孟焰等开展了针对平衡计分卡有用性的实验研究，确定了企业战略目标可以通过平衡计分卡与评价指标进行有效连接，证明了对战略目标的理解有助于更高效地使用平衡计分卡。有学者从管理者视觉注意力的角度出发，认为企业提供战略信息有助于提高管理者对战略目标的认识，当管理者越多地关注与战略相关的绩效指标时，越能够做出更好的决策。叶似剑等（2018）从管理者自尊水平和参与度的角度展开了关于平衡计分卡评价战略的实验研究。研究结果表明，平衡计分卡评价战略会很大程度上受到经理人参与度的影响。因此，企业可通过采取保障措施、了解经理人、绘制战略地图等来保证平衡计分卡评价的客观性和全面性。Humphreys等（2018）对在平衡计分卡中整合战略风险信息是否会影响管理者的战略评估和判断进行了研究，并得出这种整合对管理者做出判断非常重要。安娜、李鹤尊等（2020）以华润集团为例，将战略规划流程视为管理控制系统的一部分，对系统中各部分之间的关系进行了深入研究，发现战略规划流程为管理系统中其他因素的应用奠定了坚实的基础，也为企业带来了积极正面的影响。Rotaru Ketal（2019）认为战略目标和绩效结果的同时呈现，会相互作用，影响绩效评价结果。绩效结果的展现会将管理者的注意力集中在业绩完成情况而不是指标的因果关系上。

(二) 与创新及可持续相关的延伸和拓展

Nada（2014）认为大部分企业并没有将创新作为管理过程中的指标，于是在其论文中介绍了一种基于平衡计分卡的创新绩效指标体系以帮助管理者解决企业和项目两个层面的创新管理问题。Kalender和Vayvay（2016）认为在当今环境下，可持续发展是一种趋势，但是大部分企业不知道如何对其量化，两位学者将可持续发展与平衡计分卡四个维度指标相结合，形成新的综合绩效管理系统，旨在达成企业可持续发展战略目标。Nouri FA（2019）同样从可持续方面入手，结合平衡计分卡通过经济、社会和环境绩效三个维度，建立一个可持续的评估服务供应链框架，进一步证实了两者融合的可行性。Gomes和Romao（2019）综合了近年来的研究，对可持续竞争优势进行了深入探讨，他们认为竞争优势是实现顶级组织绩效的主要原因，而平衡计分卡为这种可持续的竞争优势提供了可靠的框架。丁悦（2021）以钢铁企业为案例，在平衡计分卡的基础上引入了三重绩效评价（以可持续发展为目标，同时兼顾经济利益、社会责任、环境保护），以期为绩效评价体系的发展提供新的突破口。

(三) 与我国经济发展现状相关的延伸和拓展

谢灵（2011）通过阐述哲学、管理学、经济学三个领域对因果关系的认识，得出"在我国企业实际经营管理过程中，存在多种影响企业发展的因素，管理者要认识到平衡计分卡各维度间因果关系的根本在于，通过寻找原因发现问题、解决问题，所以不能够从纯粹因果关系的角度对其进行盲目批判"。同样的研究内容，胡元林、黎航（2017）则对平衡计分卡四个维度之间的逻辑关系进行了实证研究，他们基于结构方程原理设计验证模型，发现学习与成长、内部经营过程、客户、财务四个维度间存在着依次正向的逻辑关系。伴随着类似研究的持续深入，我国的中小型企业也开始陆续使用平衡计分卡。针对我国中小企业的应用现状，罗锦珍（2019）指出，受管理水平和管理思想的限制，国内中小企业存在对平衡计分卡的认识不够清晰、盲从行业领先模式、不注重管理细节、缺少可持续发展等一系列问题，并针对这些问题给出了提高管理者认知、明确目标、有效沟通、完善评价体系的可行建议。彭满如和谭圆奕（2022）则在平衡计分卡的基础上将戴明环（PDCA循环）引入绩效管理系统，认为戴明环与平衡计分卡的结合运用，有助于完善管理过程，加强信息的反馈，实现绩效管理的整体高质量提升。

国内外学者对平衡计分卡及战略相关理论和应用的研究十分丰富。学者普遍认为随着信息科技的发展，绩效管理的思维理念也有了根本改变。传统绩效管理机制往往针对已经发生的结果，属于过去式的总结，制定的管理机制并不能够完全满足企业的长期发展要求。战略绩效管理则是针对企业未来目标的实现，并以此为基础形成对应的绩效管理体系，运用各类绩效管理工具，对企业战略进行分解，确保每个环节的绩效管理能够落实到位，使得员工绩效和企业战略有机结合，推动企业战略目标的实现，全面化的流程分析能够为企业战略提供充足支持。

平衡计分卡是战略管理的主要工具。国内外学者对它在企业实践中如何与绩效管理相匹配以达到企业发展目标也进行了充分研究。然而由于我国企业的发展情况十分复杂，每个企业具体的情况都有所不同，具有较强的独特性，因此平衡计分卡在我国企业中的实际应用还存在着一定差距。从企业角度来说，国内有些企业在发展中对绩效管理的重视不足，绩效管理与企业发展目标不能完全契合，影响了企业的正常发展。在实际执行中还有企业照搬成功企业的模式，对于是否与企业现状和企业发展相适应，则没有进行过多的综合考量，导致管理制度照搬过来后与企业发展存在各种冲突，绩效管理与企业发展不符，不仅没有起到应有的促进作用，反而影响了企业的正常发展。本书在对现有研究文献进行分析和总结的基础上，以此为依据，结合平衡计分卡的相关理论，设计战略绩效管理系统，使企业战略和企业的绩效管理有机结合，为战略绩效管理的发展提供一定的理论指导和经验借鉴。

第二章
相关概念及理论概述

在经济全球化、贸易自由化以及信息网络化的时代,市场竞争日趋激烈,企业面临着巨大的挑战,通过科学的战略绩效管理系统来提升核心竞争力,获得长期竞争优势,是企业生存、发展的客观需要。从20世纪80年代起,世界优秀企业普遍掀起了一场管理革命,建立了以绩效为核心的企业管理体系。绩效管理作为测评和监控企业发展最重要的管理手段,也逐渐成为企业战略管理的重要组成部分,是连接企业战略目标与日常经营活动的最好的工具。因此,战略绩效管理体系的建立,在企业发展战略执行、绩效目标的达成、经济效益的提升等方面都起到了显著的促进作用,对推动企业可持续发展具有重要的意义。

第一节 绩效管理概述

一、绩效管理的起源与含义

(一)绩效管理的起源

有文字记载的人类早期的绩效管理形式是野蛮落后的,在反映奴隶社会和封建社会庄园耕种和大型建筑活动场面的历史文献和文学作品中,都记载了手持皮鞭和棍棒的监工监督农奴从事艰辛劳动的场景。自1765年瓦特改进蒸汽机开始,人类社会生产进入了机器大工业时代。企业的组织形式和规模都发生了巨大的变化,专职的管理人员和工程师更加关注管理以提高生产率。绩效管理的起源可以追溯到19世纪末,当时的管理主要依赖于财务会计系统生成的财务数据来分析评价企业的整体绩效,以及利用管理会计和成本会计提供的过程数据来分析评价过程绩效。绩效的优劣主要通过投资报酬率、单位产品成本等财务指标来反映。随着20世纪初科学管理理论的兴起,弗雷德里克·泰勒提出了科学管理的理念,这标志着绩效管理的雏形开始形成。这一时期,绩效评估和奖金激励成为管理的核心内容。被誉为"科学管理之父"的泰勒在1895年提出了刺激性工资制度。泰勒认为，健全的人事管理基本原则是使工人的能力同作业相配合；企业管理者的责任在于为职工安排最合适的工作，激励他们尽最大的努力来工作。人们将这一时期的绩效管理思想形象地比喻为"胡萝卜加大棒"政策。随后，管理学派的发展为绩效管理提供了更丰富的理论基础。例如，彼得·德鲁克提出的目标管理和效能概念奠定了绩效管理体系的基石。

20世纪中叶，随着管理控制系统、目标管理、基于结果的管理等理论和方法的相继出现，绩效管理逐渐完善并发展成一个系统的管理工具。这些理论强调通过设定明确的目标、制定绩效指标和提供持续反馈来激励员工实现个人和组织的目标。20世纪60年代，出现了许多控股公司，它们的目标是利润最大化；母公司一般只关注子公司的现金流量；子公司只是母公司达到其目标的一种工具，母公司常常借助"投资中心"或"利润中心"实施对子公司的管理与控制。这一时期，运用最广泛的绩效评价指标为销售利润率。

20世纪70年代，受当时权变理论的影响，各公司的绩效管理评价指标差异较大，评价方法缺乏一致性。20世纪80年代形成了以财务指标为主的绩效评价方法体系，以投资报酬率、净资产收益率为核心，还包括利润、现金流量、各种财务比率等。到了20世纪90年代，企业面临的环境是世界经济一体化、信息时代来临、金融工具使用频繁、市场瞬息万变、全球竞争日趋激烈等，这就要求企业对原有的绩效评价体系进行革命性的变革，改革的主要趋势为：预算的作用日趋减弱、财务指标日显重要、强调对创新学习和知识资本等无形资本的评价等。

在新的世纪里，世界经济发生了急剧的变化，互联网经济悄然兴起。处于日新月异的运行环境中的企业纷纷从战略高度出发，组织自己的日常经营活动。如何激励员工、提高组织绩效成为企业管理者关注的头等大事。为适应当前和未来的需要，美国学者卡普兰提出了现代企业的新的绩效管理系统——平衡计分卡，其内容包括财务、顾客、内部经营过程、学习与成长四个方面的绩效计量，它对现代企业的绩效管理具有十分重要的启示。

绩效管理不仅关注员工个体的绩效评估，还强调整体组织的绩效优化。从最初的财务数据分析，到科学管理理念的引入，再到现代绩效管理方法的多样化，绩效管理经历了一个不断丰富和发展的过程。这一过程不仅反映了企业管理理念的进步，也见证了管理技术的创新和实践的深化。

（二）绩效管理的含义

绩效管理是企业管理的一个重要组成部分，科学的绩效管理能够推动企业长期经营目标的实现。一提到绩效管理，人们自然会想到什么是绩效。那什么是绩效呢？根据韦氏词典，绩效（performance）指的是完成、执行的行为，完成某种任务或者达到某个目标——通常是有功能性或者有效能的。绩效是一种管理学概念，包含成绩和效益两方面的意思，是在一定时期内的工作行为、方式、结果及其产生的客观影响。Robbins 和 Coulter（2007）将绩效分为效率（efficiency）和效能（effectiveness）。按照财政部的定义：企业绩效是指一定经营时期内的经营者业绩和企业经营效益。经营者业绩主要表现为企业经营者在经营、管理企业的过程中所取得的成果，是人们在实践活动中所产生的、与劳动耗费有对比关系的、可以度量的、对社会有益的结果。企业经营效益主要表现在企业的盈利能力、偿债能力、资产运营水平和未来发展潜力等方面。部分学者也从不同角度对企业绩效的定义进行了归纳。陈立泰等（2004）认为，企业绩效包括业绩和效率，是企业经营过程与经营行为的统一结果。李红浪（2005）认为企业绩效是对企业经营状况的综合评价，是企业经济价值与持续发展能力的全面体现。孙波在《绩效管理：本源与趋势》中总结，绩效是完成的经营工作，是结果，是过程，是过程和结果的加总。温素彬（2006）认为，企业绩效包含行为和结果两部分，行为是实现结果的过程，而结果是之前行为的结果，又是下一次行为的基础。行为可以决定结果，结果可以反作用于行为。好的绩效管理可以促进这个循环的正反馈效应，从而促进企业发展。

绩效管理是现代企业管理中不可或缺的一部分，它是一种系统的管理方法，旨在评估和提高员工、团队和组织的表现和绩效，以确保企业达到其目标。绩效管理是员工和经理就绩效问题所进行的双向沟通的一个过程。在这个过程中，经理与员工在沟通的基础上，确定员工的绩效目标，并对员工的绩效能力进行辅导，帮助员工实现绩效目标。在此基础上，作为一段时间内绩效效果的总结，经理通过科学的手段和方式对员工的绩效进行考核，确立员工的绩效等级，同时找出员工绩效的不足，进而制定相应的改进计划，帮助员工克服缺陷，朝更高的绩效目标迈进。

（三）绩效管理的目的

从国内研究来看，企业绩效管理的目的有以下两方面。

1. 绩效管理的目的是评估员工业绩

Nickols（1994）指出企业绩效管理主要是针对员工进行绩效管理，目的是管理员工，提升员工能力，加快员工的进步。但是，Collins（2011）指出绩效管理如果只对员工进行管理，则结果并不能完全反映员工工作的状况和努力程度，使企业的利益相关者不能真正了解企业的经营情况，使绩效管理的评估职能偏离真实性。

2. 绩效管理的目的是加强企业管理

绩效管理以调动员工工作主动性为前提，通过建立明确的双向激励机制，对企业战略目标、收入成本、员工学习成长、内部经营过程等进行管理，以此来提升企业的整体绩效水平。但是，如何对企业实施全面的绩效管理，是企业实行绩效管理的难题，除了构建完善的管理体系，还需要全方位的保障措施。尹效国从战略目标、内部经营过程、企业员工三个角度制定了具有针对性的保障措施，赵步同则建议以创新为切入点，建立全面的创新体系，促进企业创新发展。

（四）绩效管理的方法

最早的绩效管理方法有杜邦分析法、沃尔综合评价法等，都是基于财务指标的方法。随着企业规模的增大，利益相关者各方关系越来越复杂，企业管理目标逐渐由利润最大化转变为股东权益最大化，出现了基于非财务指标的绩效管理方法，如表 2-1 所示。

表 2-1　绩效管理方法

类型	方法	提出者、提出时间	内容
财务指标	杜邦分析法	美国杜邦企业，1903	净资产收益率
	沃尔综合评价法	亚历山大沃尔，1928	偿债能力、运营能力、盈利能力
	经济增加值	思腾思特咨询企业，1991	资本利润（以资本账面价值计算）
	修正经济增加值	Jeffrey，1997	资本利润（以资本市场价值计算）
非财务指标	平衡计分卡	Kaplan 和 Norton，1992	财务、顾客、内部经营过程、学习与成长
	修正平衡计分卡	Andy Neely 和 Andersen Consulting，2002	财务、顾客、内部经营过程、学习与成长、债券、政府、自然环境、企业

（五）为什么要实施绩效管理

绩效管理是各级管理者和员工为了实现组织目标，共同参与的绩效计划制定、绩效辅导沟通、绩效考核评价、绩效结果应用、绩效目标提升的持续循环过程，其主要目的在于通过有效的管理机制来促进个人、部门和整个组织的绩效提升，进而实现组织的战略目标和发展需求。

绩效管理不仅仅是一个考核工具，更是一个综合性的管理过程。这个过程包括了目标的设定、绩效的指导与反馈、绩效的考核以及结果的应用等关键环节。在企业管理中，绩效管理的实施能够有效地将企业战略分解为可操作的目标，并通过不断地跟踪和反馈，确保这些目标得以实现。

绩效管理的核心在于其循环性。它不是一次性的任务，而是一个需要持续进行的动态过程。从绩效计划的制定开始，通过管理者和员工之间的商定，明确一段时间内的工作目标和任务，然后通过绩效辅导和沟通来确保工作的顺利进行。随后，通过绩效考核来评价实际工作表现，最后根据评估结果进行奖励或者提出改进意见，从而推动绩效的不断提升。

此外，绩效管理强调目标的一致性和全员参与。无论是组织层面还是个人层面，绩效管理都要求目标的设置必须符合企业的整体发展战略，并且要确保从上到下每一个员工都能明确自己的职责和目标。这种模式有助于形成良好的组织文化，使得每个员工都能感受到自己是企业发展中不可或缺的一部分，从而增强员工的归属感和积极性。

绩效管理不仅是一种管理工具，更是一种战略实施手段。通过细致的目标管理和持续的优化调整，绩效管理能够有效地提升企业竞争力和市场适应能力，帮助企业在不断变化的市场环境中稳步前行。因此，建立一个科学合理的绩效管理体系对于任何企业都是至关重要的。

二、绩效管理的内容、特征与影响因素

（一）绩效管理的内容

绩效管理是组织有效管理人力资源，实现组织目标的关键工具。绩效管理不仅是对员工业绩的简单考核，而且是一个全面的管理过程，它涵盖了目标设置、绩效监控、评估反馈以及能力提升等多个方面。这个管理过程不仅关注结果，也强调实现目标的方法和员工的发展。通过有效的绩效管理，组织不仅可以提升工作效率和实现业务目标，还能促进员工的个人发展和职业成长。绩效管理的成功实施需要建立在明确的管理流程基础上，依赖于管理者和员工之间的良好沟通，并考虑到每位员工的个性化需求。

首先，从绩效管理的基本概念来看，它是一项旨在提高组织和员工绩效的综合性管理活动，包括从目标设定到绩效评估再到反馈的整个循环过程。绩效管理通过有效的激励机制引导员工达成组织目标，同时促进个人能力的提升。

其次，在绩效管理的实施过程中，需要明确几个关键步骤，包括：建立目标和标准、监测进展、提供反馈和评估绩效等方面。在制定目标和标准时，企业应该确保它们是明确、可衡量和与业务目标相一致的。这需要管理者和员工共同参与，确保目标既具有挑战性，又具备可实现性，能够让员工"跳起来摘桃子"。在完成目标和标准的制定之后，绩效的监控与辅导阶段就成为较为关键的环节。在绩效考核阶段，可以采用定期评估、个别谈话、360度绩效评估等多种方式来监测员工工作业绩的完成情况。同时要求管理者对员工的工作进度进行持续的关注和指导，让员工可以更清楚地了解自己的目标和工作完成情况，以及下一步如何改进完善自己的工作表现，以便更好地提升工作业绩。

最后，是绩效评价和反馈，这一环节需要公正客观地评估员工的工作成果，以便员工得到公正的待遇，并提供有建设性的反馈。绩效管理可以更好地利用人力资源和管理团队，帮助企业培养出优秀的员工，为他们提供在公司实现成功的

机会，以促进员工不断进步。这不仅有助于员工的个人发展，还有助于提高整个公司的绩效管理水平。通过培养并奖励表现优异的员工，可以激励其他员工，提高整个团队的绩效。

绩效管理的成功实施离不开良好的沟通机制。管理者与员工之间的开放沟通有助于消除误解，达成共识。此外，沟通还能够帮助员工明确自己的工作目标和改进方向，从而更好地实现自我管理和提升。

绩效管理还需关注员工的个体差异，采用个性化的管理策略。由于每个员工的能力、经验和职业发展需求各不相同，因此定制化的绩效目标和发展计划更能有效激发员工的潜力。

（二）绩效管理的特征

1. 目标统一性

绩效管理是一种提高组织员工的绩效、开发团队和个体的潜能，使组织不断获得成功的管理思想和具有战略意义的、整合的管理方法。绩效管理的目标是企业战略目标的辅助，实行绩效管理可以帮助企业实现预期战略，增强企业的核心竞争力，使企业在市场竞争中立于不败之地。绩效管理是一个学习、改进、控制、提高的系统工程，是一种防止绩效不佳和提高绩效的工具。其目的是基于企业的发展战略，通过有效的目标分解和逐步逐层的落实，使员工的绩效目标与公司的远景规划和目标任务一致。只有明确了绩效管理的目标，员工才会明白自己努力的方向，以更好地服务于企业的战略规划和远景目标；经理才能明确如何更好地依据员工的绩效目标对员工进行有效管理，通过提高员工个人的绩效，来实现公司的目标；经理和员工才会更加地团结一致，共同致力于绩效目标的实现，共同提高绩效能力，实现员工和企业同步发展。

2. 持续沟通性

绩效管理是通过经理与员工之间持续的、动态的、双向的沟通共同完成的。这意味着一个好的绩效管理系统包括听和说两个方面，是经理和员工的对话过程，也是经理和员工共同学习和提高的过程。

沟通在绩效管理中起决定性的作用。制定绩效目标要沟通，帮助员工实现目标要沟通，年终评估要沟通，分析原因寻求进步还要沟通。许多绩效管理活动失败的原因都是沟通出现了问题，从而导致了绩效管理活动的无效。绩效管理的过程就是员工和经理持续不断沟通的过程，离开了沟通，企业的绩效管理将流于形式。实践证明，好的绩效管理是企业行之有效的管理手段之一，提高绩效的有效途径是进行绩效管理沟通。

（三）绩效管理的影响因素

绩效管理受到多种因素的影响，这些因素相互交织、共同作用，决定了绩效管理的成功与否。企业需要综合考虑这些影响因素，采取有针对性的措施，才能确保绩效管理的顺利实施和成效最大化。在实际操作中，建议企业根据自身情况，制定科学合理的绩效管理方案，并不断优化调整，以实现持续改进和发展。具体影响绩效管理的因素包括：员工技能、外部环境、内部条件，以及激励效应等。

1. 员工技能

员工的核心能力是影响绩效管理目标能否实现的内在因素，通过培训和开发可以显著提高。企业需要定期组织各类专业技能培训，帮助员工提升业务能力和综合素质，从而增强整体绩效水平。清晰的职业发展路径能激励员工进行自我提升，企业应为员工提供明确的晋升通道和多样化的职业发展机会，促进员工持续成长。

2. 外部环境

企业的外部环境包括市场竞争、政策法规等不为企业所控制的因素。企业应密切关注市场动态，及时调整战略策略，以适应外部变化，保持对行业趋势的敏锐观察，帮助企业在变化中抓住机遇。企业可以投入资源进行市场研究和数据分析，提前预判和应对可能出现的市场波动，抓住市场机会同时规避可能遇到的威胁。

3. 内部条件

企业的内部条件涉及工作所需的各类支持保障，如资金、设备、人力等。企业需确保各部门能够获得充足的资源支持，提高工作效率。合理的内部管理和工作流程优化能够有效提升绩效。企业应定期检查和优化内部工作流程，减少不必要的环节，提高工作效率。

4. 激励效应

企业有效的激励机制能够激发员工的主动性和积极性。企业应根据员工的工作表现和实际需求，设计多样化的激励措施，如奖金、晋升机会、员工福利等。明确的目标、持续的反馈和员工需求的满足有助于员工明确努力方向，企业应制定科学合理的目标管理体系，并提供定期的工作业绩反馈，帮助员工持续改进。

5. 组织环境基础

企业的组织环境包括企业文化、工作环境和团队氛围等，对员工的工作态度和行为有深远影响。良好的组织环境能够促进员工积极工作，参与战略目标的实现，从而提高绩效管理的效能。

6. 管理优先权

管理层对绩效管理的重视程度和支持力度，是绩效管理成功的关键因素。资源的优先分配，确保与绩效管理相关的活动和项目能够获得必要的资源和支持。

7. 战略一致性

企业保证组织目标、部门目标和个人目标的一致性，是绩效计划制定环节需要解决的主要问题。绩效目标应体现企业的发展战略导向，与企业的长远目标相一致。

8. 过程控制

对绩效管理实施过程的控制，确保绩效目标的实现和绩效改进的持续性。在绩效管理过程中，企业应及时调整目标和策略，并提供有效的反馈。

9. 员工参与

企业应鼓励员工参与绩效目标的设定和绩效管理的过程，增强员工的归属感和责任感。倾听员工的意见和建议，使绩效管理更加符合员工和组织的实际需求。

10. 指标体系

建立公平公正的评估系统，对员工和组织的绩效做出准确的衡量，确保绩效评价指标具有可衡量性，便于对绩效进行量化管理。

11. 结果运用

绩效管理取得成效的关键在于如何运用绩效结果，如激励、晋升、培训、降级、解聘等。建立有效的激励与约束机制，奖励绩效优异者，鞭策绩效低下者。

12. 组织沟通

组织沟通对于绩效管理效能的提升具有显著的调节作用。建立多元化的沟通渠道，确保信息的畅通和透明。

三、绩效管理的作用、目的与误区

(一) 绩效管理的作用

无论从企业角度，还是从管理人员或者员工的角度，绩效管理都可以帮助我们解决许多问题，并能给我们带来极大的益处。一个良好的绩效管理系统可以为企业的日常管理工作带来事半功倍的巨大效用。图 2-1 清楚地显示了绩效管理与达成企业目标两者之间的紧密关系。

1. 提升个人和组织绩效

如果绩效管理运用得当，员工、上级主管和企业都将从中获得明显的帮助。从整个企业的角度来看，它的经营目标自上而下被分解为各部门的目标和相应岗位员工的目标，自下而上员工个人目标的达成实现了部门目标的达成；而企业的整体绩效是由各个部门的绩效来支持的，也就是由每个员工的绩效来支持的。从管理人员的角度来说，绩效管理提供给管理人员一个将企业目标和部门目标分解给员工的机会，并且使管理人员能够向员工说明自己对工作的期望和工作的衡量

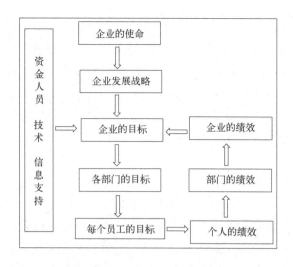

图 2-1 企业目标与绩效管理

标准,并对绩效计划的实施情况进行监控。从员工的角度来说,绩效管理帮助员工明确工作目标,确保个人目标与组织目标一致,激发员工潜能。通过绩效评估和反馈,员工可以了解自己的绩效,剖析自己的优势和不足,能够胜任哪些工作,同时明确哪些方面还有待发展,从而发挥潜力,提高自己在工作中的胜任能力,提升工作效率。

2. 优化人力资源配置

绩效管理为人力资源的合理分配提供依据,确保将最合适的人放到最合适的岗位。通过绩效结果的反馈,可以发现人才,促进人才的合理流动和职业发展。

3. 完善员工激励制度

绩效管理强调绩效与回报之间的关联,通过公正的评价体系激励员工。除了物质奖励,还包括职位晋升、培训机会等非物质激励,满足员工的多元需求。

4. 促进组织文化建设

绩效管理弘扬公平竞争和持续进步的组织文化,形成积极向上的工作氛围。团队绩效的评估与激励,有助于增强团队协作精神和集体荣誉感。

5. 提高组织竞争力

绩效管理使组织能够根据市场变化,快速调整目标,提高市场响应速度。通过绩效反馈,组织能够及时发现问题,鼓励创新,持续改进,增强核心竞争力。

(二)绩效管理的目的

绩效管理的目的主要包括三个方面,即战略目的、管理目的和开发目的。

1. 战略目的

企业绩效管理的目的在于使组织成员产生与组织战略和目标一致的行为，因此企业的绩效管理是否得到企业相关利益群体（包括管理层、员工、消费者和投资者）的认同和接受，是绩效管理一个必要的前提条件。一个有效的绩效管理系统首先要将战略目标转化为可衡量的绩效指标，然后层层分解制定各部门和员工的目标，并对这些指标加以落实，使得企业从上到下的所有行为、任务、业绩都在支撑着企业战略，以此来完成公司的战略目标。

2. 管理目的

绩效管理系统应贯彻指导、评价、沟通等管理措施，使管理有效。当企业目标和战略反映在绩效管理系统中，成为一系列指标和标准后，绩效管理系统的主要目标是将这些指标和标准在企业内部推广，成为每个部门和员工均能理解的共同语言，从而对其行为产生事前的诱导作用，并在行为发生以后对其进行客观、公正的事后评价，并在此基础上制定报酬计划，激励与企业目标一致的行为，从而最终促进企业目标的实现。

3. 开发目的

绩效管理着眼于人力资源的开发，保持员工知识和能力的持续增长，以提高企业绩效。任何一个绩效管理系统的目标是：挖掘员工的潜力，提高他们的绩效，并通过将员工的个人目标与企业的战略目标结合起来，提高企业的绩效。通过对绩效管理中心目标的认识，不难看出绩效管理针对的主要对象是企业的员工，而提高企业绩效的方法是更好地提高员工的绩效。

（三）绩效管理的误区

在绩效管理的实际操作中，常存在下列一些误区。

1. 认为绩效考核等同于绩效管理

"绩效考核"和"绩效管理"是在当前企业管理中最常出现的词，它们的高频率出现反映了现代企业对绩效考核和绩效管理的重视，同时绩效考核与绩效管理也是企业管理中的难点。

绩效考核（Performance Appraisal）是指按一定的标准，采用科学的方法，检查和评定公司各部门和员工在一段时间内对所规定的职责的履行程度，以确定其工作成绩的一种定量、定性的管理方法。在这一过程中，通过针对员工绩效与组织目标的相关性的评估面谈，反馈这个过程中得到的信息，以提高工作的有效性和员工的工作成绩。

绩效管理（Performance Management）包括上至企业发展目标、战略和计划，下至员工职务升迁、个人发展、组织效率的一个管理过程。其出发点与终点都是针对企业的整体绩效。

绩效考核与绩效管理虽然都注重绩效，但绩效考核仅是对员工和部门工作结果的考核，是绩效管理的一个部分而不是全部。绩效管理是企业将战略转化为行动的过程，是战略管理的一个重要构成要素，其深层的目标，是基于企业的发展战略，通过员工与其主管持续、动态的沟通，明确员工的工作任务及绩效目标，并确定对员工工作结果的衡量办法，在过程中影响员工的行为，从而实现公司的目标，并使员工得到发展。绩效管理是绩效考核的前提，将绩效管理和绩效考核混为一谈，将会误导绩效管理的目的，影响企业战略的实施。绩效管理与绩效考核的区别，如表 2-2 所示。

表 2-2　绩效管理与绩效考核的区别

绩效管理	绩效考核
一个完整的管理过程	管理过程中的一个局部环节和手段
侧重信息沟通和绩效提高	侧重判断和评估
伴随着管理活动的全过程	只出现在特定时期
事先的沟通与承诺	事后的评价

2. 绩效管理角色上的误区

现实中，很多企业普遍认为绩效管理是人力资源管理部门的事情，企业的总经理只要下达一些有关人力资源管理的指示即可，而员工根本就没必要知道绩效管理，只要按照分配的绩效目标任务照做就行了。这样一来绩效管理肯定不能发挥其应有的作用。

这种角色认识上的误区，与观念有关，说到底是没有跳出绩效考核的惯性思维，认为只要管理者知道绩效管理就可以了，员工是否知道无所谓，更为严重的是除了人力资源部和总经理之外，没有人知道绩效管理是怎么回事，这也是绩效管理得不到较好推行的一个重要原因。所以，在绩效管理中必要的培训不可忽视，要让员工明白绩效管理对他们的益处，只有这样他们才乐意接受，才会配合所在部门的管理者做好绩效工作，做好绩效计划和绩效沟通。同时通过培训也要让部门管理者明白绩效管理对他们的好处，管理者们才愿意接受、执行和推动绩效管理。因此，在正式实施绩效管理之前，必须就绩效管理的目的、意义、作用和方法等问题对部门管理者和员工进行认真培训，这个工作万万不可省略。

第二节　竞争战略概述

一、战略

战略（strategy）一词最早起源于军事领域。从发展历史看，其渊源可以追溯到古希腊时期。当时出现得最早的词为"strategos",是"军队"和"率领"两个词义的结合,意指军事指挥官,后来被解释为领导艺术和统治方法。德国著名军事家克劳塞维茨(Clausewitz)提出:"战略是为达到战争目的而对战斗的运用""战略必须为整个军事行动规定一个适合战争的目标"。随着人类社会的发展,"战略"涉及的范围日趋扩大,从军事学延伸到政治、经济、科技与社会领域,并不断被赋予新的含义。根据语境的不同,战略被赋予不同的内涵。明茨伯格将其归纳为五种规范的定义,即一种计划(plan)、一种计谋(ploy)、一种模式(pattern)、一种定位(position)和一种观念(perspective)。无论何种定义,战略所关注的都是"组织如何定位以面对越来越不确定的未来"这样一个命题。战略为组织提供一条途径,遵循这一途径,组织不但可以明确为达到最终目的所需实行的变革,还可以将这些变革付诸实践。战略关注组织现在的方向及其包含的意义,关注这一方向所带来的潜在威胁,也关注组织现在的行动所面临的挑战。在这个意义上,战略为组织找出一个新方向,遵循这一方向,组织便可能实现其理想。战略通过改变组织的方向来引导组织行动以帮助组织实现目标。战略被用来统一行动、创造一致性或连续性,但最重要的是,它被用来赋予组织一个新的目标。正如 Maassen 和 Van Vught 所言:"尽管战略概念在不断演变,从一个内涵狭窄的、常规的概念(作为计划或一套引导和控制活动的行为)到一个宽泛的、灵活的途径(即将战略作为行动模式或连续的行动)……但并没有一个意义明确的指标体系来标明'这就是'战略,或者相反。"

  在企业管理中,战略是指在分析企业内外部环境的基础上,基于企业中期、长期发展,为保持企业的持久竞争优势而采取的一整套方案。战略典型的特点是其长远性、全局性和彻底的革命性。将战略引入企业管理中,是为了解决企业的长远发展问题。企业通过制定和实施战略,用长远眼光看待目前的经营活动,对其完成具体目标时可能出现的一系列不确定因素做出正确的判断,并根据外界环境及自身的特点,采取独特的竞争战略,形成竞争优势,进而取得经营上的成功。因此,战略管理是对战略的形成与实施过程的管理,包括四个组成部分:企业内外部环境分析、战略的制定、战略的实施、战略执行情况的测评与监控。

  战略绩效管理首要要对企业的战略目标进行分解。战略目标,是企业的宏观竞争目标,对自身发展的长远设想。它是多元化的,既包括经济目标,又包括非经济目标;既包括定性目标,又包括定量目标。战略目标既然是总方向、总任务,那么它在短期时间内应该是相对稳定、不会变化的。企业制定的战略目标,是一种长期任务,需要经过相当长时间的努力才能够实现,不是一蹴而就的。战略目标的实施同样也是一个长期而艰巨的任务,在实施过程中会出现各种困难,主要有以下几类。

  战略沟通不足,缺乏共识。企业制定总体战略时,没有协调联系相关部门的工作计划，使得不同部门对战略目标缺乏共识，难以形成一致的工作能力，无法在企业经营整体上实现战略性改进。

短期决策与战略相关性差。企业的短期目标通常是以财务指标为核心，以企业利润为导向，这种目标下建立的绩效管理体系既不能体现出非财务指标对企业的贡献，也无法准确判断企业短期的行为是否有利于企业未来的发展。

绩效目标执行力差。由于企业战略目标未分解到员工个人，日常指导考核机制也不健全，使得员工没有实现绩效目标的主动性和创造性。

二、竞争战略

竞争战略是迈克尔·波特于1980年在《竞争战略》一书中提出的概念："制定一项竞争战略就是为某一企业规定一种广泛的程式以便指导企业如何投入竞争，应当有些什么样的竞争目标，在贯彻执行这些目标时需要采取什么样的方针。"1985年他又在《竞争优势》一书中提出了竞争优势的理论：企业的竞争优势归根结底来源于企业为顾客创造的超过其成本的价值。这种超额价值的产生有两种途径：以低于竞争对手的价格为顾客提供同等的效益，或者为顾客提供独特的产品或服务，使顾客愿意为了这种特色而支付更高的价格，并且这个高出的价格远远超过企业为实现特色而增加的成本。因此竞争优势有两种基本形式：成本领先和差异化。相应基本竞争战略是成本领先战略和差异化战略，如图2-2所示。另外，在这两种基本战略的基础上迈克尔·波特还提出了集中化战略，针对某个特殊的顾客群、某产品线的一个细分区段或某一地区市场采取成本领先战略或者产品差异化战略。

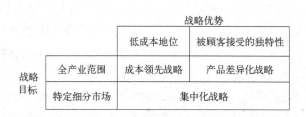

图 2-2　竞争战略

成本领先战略的目标是企业的成本低于竞争对手。如果企业能够创造和维持全面的成本领先地位，那它只要将价格控制在产业平均价格水平之下或接近平均价格水平，就能获得高于产业平均水平的收益，并且当其他企业在竞争中已失去利润时，它仍然可以获取利润。Briggs与Stration在低马力汽油发动机行业获得的成功和林肯电器（Lincoln Electric）在电焊设备及其供应商方面取得的成功就是很好的例子。20世纪90年代初，邯郸钢铁集团以"模拟市场，成本否决"的经营管理方式率先在我国推行战略成本管理方法,并取得巨大成功,就是成本领先战略取得成功的范例。

差异化战略的目标是客户广泛重视的一些方面(如产品的设计、品牌、外观、技术、服务等)在行业中独树一帜,并且顾客愿意为了获得这些特色接受较高的价格。如果企业的这种产品的价格溢价超过了他为产品的独特性而附加的额外成本,企业就能获得高于竞争对手的利润。例如,Caterpillar Tractors 公司在产品的耐用性、服务功能、备用件供应和销售网络等方面就成功地实施了差异化战略,取得了很好的业绩。由于产品或服务的成本构成涉及很多方面,由各个生产环节的成本共同构成,所以成本领先战略实施起来难度较大。在现在的市场环境下,大多数企业都是生产有特色的产品,或者提供差异化的服务,实行差异化战略,形成竞争对手难以模仿的竞争优势。

三、战略分析工具

(一) PEST 分析方法

PEST 分析方法最早由哈佛大学的商业教授阿奎拉(Aguilar F.J)提出,是一种常用的环境分析工具。这一分析方法涵盖了政治(Political)、经济(Economic)、社会文化(Socio-cultural)技术(Technological)四个方面的外部因素。其中,政治因素指的是政府行为对市场经济的塑造作用,其中包括政策制定、法律法规的实施等。例如政府的税务立法、对外贸易协定、监管环境等能够影响整个市场运作的框架和企业的战略方向。经济因素指的是整体经济环境的指标,这些指标如同经济运行的脉搏,包括但不限于利率水平、通货膨胀率、就业率、失业率、国内生产总值增速以及货币的汇率波动等,进而对整个市场的需求、消费能力等产生影响。社会文化因素是指人口结构、消费者偏好、价值观念等引领市场和行业风向的要素,这些社会文化的细微变动往往能够引发市场需求的重大转移,对产品的市场定位和消费者行为产生深远影响。技术因素是指技术的不断发展和完善对于市场的影响,新兴技术的发展完善、科技之间的竞争态势,以及整个社会的数字化转型,都是推动产品创新、营销策略更新和运营效率提升的关键驱动力。通过 PEST 分析,决策者能够获得一张宏观环境的全景画面,它帮助战略制定者洞察外部环境的发展变化趋势,从而制定出更具前瞻性和适应性的战略规划,确保企业在瞬息万变的市场环境中不被淘汰,持续向前发展。

(二) 五力模型

五力模型最早是由学者迈克尔·波特提出的。这一模型构筑了一套评估框架,用于评估行业的竞争程度,分析竞争环境,对企业战略的制定而言意义重大。这一模型中的"五力"分别是：供应商的讨价还价能力、潜在进入者渗透市场的能力、替代品的市场替代能力、顾客群体的讨价还价能力、行业内部企业间的竞争力。这五股力量的交织演变，共同绘制出行业盈利状况的多变图谱，塑造着行业盈余的动态脉络。其中，供应商的讨价还价能力是指供应商在确定供应原材料或机器设备的价格、品质等条件方面具有的影响力。强势方的供应商能够施加成本方面的压力，进而挤压企业的利润空间。潜在进入者渗透市场的能力是指新的企业进入市场的难易度，例如进入市场所需要的资本投入额、技术门槛、生产规模等。低门槛可能会吸引更多企业，影响现有企业的市场份额分割和利润。替代品的市场替代能力是指消费者可以选择的替代产品或服务的可行性、替代程度等。替代品可能会限制企业对价格的控制能力，进而影响其市场占有率。顾客群体的讨价还价能力是指顾客对价格、质量和服务等方面的谈判实力。如果消费者拥有更高的议价能力，单位产品的利润空间就会被压缩，就会对企业盈利构成压力。行业内部企业间的竞争力是指行业内现有企业为争夺市场份额而展开的竞争激烈程度，竞争越激烈越容易导致价格战、广告战等，进而影响整个行业的盈利潜力。

(三) 外部因素评价矩阵 (EFE 矩阵)

外部因素评价矩阵 (External Factor Evaluation Matrix) 即 EFE 矩阵，是战略管理过程中运用的一种外部分析工具，用于帮助组织评估其所处行业的外部环境。EFE 矩阵主要从机会与威胁这两个方面进行评估，找出影响企业未来发展的一系列外部关键因素。EFE 矩阵对应 SWOT 分析方法中的 OT 要素，具体外部环境要素包括 PEST 分析中的政治、经济、社会文化与技术四大要素，还包括人口、环境、政府、法律以及竞争等其他方面的信息。对这些外部关键因素的审视分析，可以为企业采取相关战略、调整措施提供相应的依据，进一步提升企业自身的核心竞争力。

(四) 内部因素评价矩阵 (IFE 矩阵)

内部因素评价矩阵 (Internal Factor Evaluation Matrix) 即 IFE 矩阵，是战略管理过程中运用的一种内部分析工具，用于帮助组织评估其所处行业的内部环境。IFE 矩阵主要从优势和劣势这两个方面进行评估，识别公司的核心竞争力，进而帮助企业制定出更有效的战略。IFE 矩阵对应 SWOT 分析方法中的 SW 要素，具体的内部环境要素包括了企业的组织架构、内部资源、产品研发技术、财务状况等，IFE 矩阵模型可以帮助企业识别其内部环境，从而制定出更有效的策略，提高企业的竞争力。

(五) SWOT 分析方法

SWOT 分析方法是企业战略制定过程中常用的一种工具，以其清晰的分析框架和操作的简便性而使用广泛。SWOT 是 Strengths（优势）、Weaknesses（劣势）、Opportunities（机会）和 Threats（威胁）的首字母缩写，具体来说，SWOT 分析将一个组织的内部因素（优势和劣势）与外部因素（机会和威胁）结合起来，以帮助确定最佳策略。其中，优势是企业在市场竞争中占据的有利因素，涉及企业内在优质资源与核心能力，例如团队的专业知识、科技创新能力、积极向上的企业文化等。劣势是指企业面临的内部限制或弱点，可能在与竞争者的较量中成为不利条件，如创新能力不足、资本状况紧张、生产效率不高、管理架构存在缺陷等。机会代表外部环境提供的成长和发展的可能性，例如新兴市场的开发、政府的优惠政策、技术的革新进步、消费者需求转变等。威胁指外部环境中可能带来不利影响的因素，它们可能对企业的稳定发展构成挑战，例如市场竞争加剧、政策环境的不确定性等。SWOT 分析方法不依赖繁复的数据，依然能够得到较为客观的分析结果。通过对关键因素的识别与评价，SWOT 分析方法提供了全面的发展现状审视，利用这种方法企业能够准确地把握市场的动态，能够让企业的战略选择做到准确详细且具有前瞻性，增强企业的综合竞争力。

（六）量化战略规划矩阵（QSPM 矩阵）

量化战略规划矩阵（Quantitative Strategic Planning Matrix）即 QSPM 矩阵，是一种定量的战略计划矩阵，是战略决策阶段的重要分析工具，用于评估和选择组织中的战略替代方案，展现了对战略选择的深度分析能力。QSPM 矩阵将定性判断转换为定量化的评分，使决策者能够以数值方式衡量不同战略选项的潜在价值，据此做出明智的战略选择。在具体的使用过程中，通过考量外部因素和内部因素，根据对企业的影响程度赋予相对应的权重，针对每一战略选项，分析其对各个因素的潜在影响，并为之标定 1~4 的吸引力评分，其中 1 代表最不具有吸引力，而 4 代表极具吸引力。通过将每个因素的权重乘以相应的吸引力分数来计算总吸引力分数。然后，对于每个战略替代方案，将所有乘积加起来得到总分。通过比较各战略选项的综合得分，识别得分最高的战略，以便作为最终的战略执行计划。QSPM 矩阵的优势在于它提供了一种系统化且量化的框架，有助于决策者在面对复杂战略选择时进行理性分析。

第三节　人力资源战略管理概述

一、人力资源管理

人力资源管理的概念源于人本主义管理哲学，强调员工是所在组织中的一种重要资源，能够为组织创造价值。人力资源管理概念首次出现在《管理的实践》这部著作中，最早由彼得·德鲁克提出。如今，经过学者们几十年的探索，人力资源管理研究成果不断涌现。通过收集与整理，有关人力资源管理的研究可以划分为如下几类。

第一种观点以彼得·德鲁克为代表。这种观点认为，企业管理层承担着人力资源管理的职责，即管理者通过对员工采取一定的管理方式和手段，最终实现企业目标。人力资源管理的内容涉及诸多方面，但各方面务必协调一致。

第二种观点以海勒曼为代表。这种观点认为，人力资源管理是在现实条件基础之上的实践活动，管理主体为专业管理人员。随着人力资源管理活动的开展，管理模式和手段越来越丰富，管理效果愈发明显。美国管理学专家加里·德斯勒在前人理论的基础之上，出版了《人力资源管理》。他在书中提出，"人力资源管理涉及运用特定的理论和技巧，全面管理与人员及其相关事务有关的各项活动"。舒勒在《管理人力资源：合作伙伴的责任、定位与分工》这部书中对人力资源管理的定义进行了界定，认为它是一种通过对人力资源采取一定的措施和手段，进而实现个人、组织以及社会利益的活动。

第三种观点以英国斯托瑞为代表。该观点认为，人力资源管理是针对公司员工开展的各类管理活动，目的是降低公司风险，消除或减少管理中的消极因素，进而实现公司预定目标。由此可见，人力资源管理是管理者在管理过程中所采用的合乎规范的方法。

通过分析以上观点可知，人力资源管理指的是通过一定的方法或手段对相关人员进行培养、协调、管理，使其态度、行为与组织目标保持一致，进而激发员工潜能，使其最大程度地发挥主观能动性，以便达到实现组织目标的目的。可以从内外部要素两个不同角度来理解人力资源。一是人员数量是人力资源管理的外部要素。在遵循人力资源变化规律的前提下，通过组织、协调、控制等手段，使人力与物力资源有效结合在一起，使最终效果达到最佳状态。二是人员质量是人力资源管理的内部要素，即采用一定的、恰当有效的方法或手段对员工的态度和行为进行引导、调整，使员工个体目标与组织目标保持一致，进而最大程度地激发员工的内在潜能，确保组织目标能够顺利实现。

近年来，随着网络的普及，人力资源管理呈现数字化特征，包括人力资源数字化和人力资源管理数字化，这是人力资源管理跨越式发展的结果。人力资源的数字化转型指的是利用现代化数字技术或工具，将企业转变为数字化组织，培养员工的数字意识，并提高他们的数字技能。人力资源管理数字化转型指的是在数字化思维基础之上，转变传统的管理结构，并围绕企业数字化构建新的管理结构。人力资源管理数字化的目的是通过现代化数字技术提高人力资源管理效率。人力资源管理数字化转型的关键在于高度重视员工，利用数字技术优化组织结构，转变业务模式，增强组织活力，从而创造最大效益。

二、人力资源战略管理

(一) 人力资源战略的定义

什么是人力资源战略？对人力资源战略，有两种理解：第一种是把它理解为市场定位，根据这种理解，人们可以按照迈克尔·波特对企业战略划分的基本思路，把企业经营战略界定为成本领先、差异化两个战略，人力资源战略按此思路制定。第二种是把人力资源战略理解为一种企业管理流程，即企业实现战略目标的过程，也被称为"战略型人力资源管理"。这两种理解在企业实践中并没有根本的差异。所以，人力资源战略是企业对内在要求和外部环境进行系统分析，明确企业总体目标，并制定出企业的发展目标，从而通过各项人力资源管理工作实现企业总体目标和人力资源管理目标的过程。将人力资源和企业战略完全联系起来，人力资源管理部门的角色出现了质的转变，从行政支持角色转化为企业"战略伙伴角色"。作为企业的长期战略伙伴，人力资源管理部门和员工将全部参加企业长期发展策略的制定与执行。因此，企业的人力资源管理部门被赋予了战略层面的含义，人力资源管理部门在企业中由"功能性"到"战略性"的过渡，意味着在企业运营中担当的角色发生了变化。

1. 战略伙伴

人力资源管理部门必须全程介入企业的战略管理流程。人力资源管理层既要成为企业战略的决策者之一，也要成为基于企业战略的人力资源管理策略专家，为战略管理工作中所牵涉的各种人力资源问题出谋划策。

2. 行政管理专家

人力资源管理部门，要进一步研究更高效的人力资源管理制度，以提升人力资源管理工作的质量。

3. 员工激励者

人力资源管理层要准确掌握员工的需求，并采取适当措施增强员工对组织的忠诚，注重激励员工的创造力，并推动组织发展目标与员工职业目标高度融合。

4. 变革推动者

人力资源管理者要及时、正确地认识企业内部条件变化和外部环境原因而引起的战略变革，预见、判断、分析产生的新问题，并提供解决办法。在企业战略变革时期，人力资源管理者也要做好与员工的协调、配合等工作，以确保员工对企业组织战略变革的正确理解和支持。

(二) 人力资源战略管理的模型

Devanna、Fombrum 和 Tichy（1984）提出了一个人力资源战略管理的基本框架，指出在企业外部环境变化时，将会影响组织内部的策略、组织架构和人力资源管理,并通过两者的协调和整合,使企业更迅速地适应变化的外部环境。同样,企业内部也需要自发地调整策略、组织架构和人力资源管理制度,才能建立起全面的、合适的战略人力资源管理系统。Schuler(1992)提出了人力资源策略管理工作的 5P 模型,指出战略人力资源管理工作包含人力资源哲学(Philosophy)、人力资源政策(Policy)、人力资源计划(Plan)、人力资源实施(Practice)和人力资源过程(Process)。这五个方面相互之间可以通过组织的层级关系而彼此联系,从而形成了一个整体,目的就是更合理地使用人力资源以满足组织的战略需求。彭剑锋(2003)提出以公司岗位分类和个人胜任特征的模型为基准,利用公司人力资源规划、人力资源获取、培养、业绩管理系统和薪资管理体系等的五个模型,来合理制定公司战略目标。彭剑锋等人还提出了增强企业战略能力的人力资源管理模式,该模式的核心内容是建立"战略—组织—人力资源管理"的信息传导机制,即通过利用企业管理者的职务资格晋升,改变企业的组织架构,有效地支撑企业经营进行战略转型,从而提升其经营绩效。他认为尽管学者对人力资源管理的研究取得了很大进展,但对其研究成果还没有形成系统,尤其是如何将公司的策略与 HRM 体系有机地结合起来,从而建立一套完整的公司人力资源策略架构,为公司推行人力资源管理提供可行的系统化思路和方法。在此基础上,又有研究者提出了人员战略管理的 8P 模式,指出公司人力资源战略管理应以人员战略规划(Plan)为核心内容,以对岗位(Position)和人员(Personnel)的数据分析为基石,构建人员招募(Provide)、人员技术培训(Plant)、培养(Profession/Career)、考核(Performance)、薪资管理(Payment)等内核子体系,同时确保实现工作流程中不同内核子体系间的协调结合,从而构建出良好的管理机制,以提高公司员工的工作满意度,进而帮助公司实现人员战略目标。

三、人力资源战略管理与企业战略的关系

人力资源管理已经成为与营销、财务会计、产品制造等并行的重要子系统,对于企业战略的达成有着关键性的意义。但是在实际中,企业战略和人力资源策略之间也有较强的不一致性。比如,当企业在实施成本领先的竞争战略时,就可能会通过减少劳动力成本的举措,来实现生产成本最小化的目标,所以就会导致企业因为成本原因而实施裁员;但人力资源管理要求"员工队伍相对稳定、员工的生活收入相对稳定、员工个性健康发展、企业应该为社会分担就业压力解决就业问题",企业的战略目标与人力资源管理要求相互排斥,产生矛盾。又如,企业战略可能是"鼓励产品的创新特性和技术含量在同行业中领先",因此需要大量的研发成本和高级人才,但如果企业的人力资源管理采用了以节约成本为导向的战略,此时对企业战略目标的达成并不是起促进作用的,反而是束缚了战略目

标的实现。假如企业采取的是产业领先和科技优先的差异化战略，但企业现有人力资源状况无法支持这样的战略，公司战略在很大程度上就会受到人力资源的约束。所以，在人力资源作为企业竞争力源泉的今天，人力资源策略和企业战略的配合对于企业总体目标的达成有着重要的意义。

首先，人力资源战略和企业战略密不可分。企业为了完成使命，提出分阶段、分层级、分部门的工作目标，而制定合理的战略是实现工作目标的关键保障。战略的制定应当以分析当前环境中的机会与威胁，以及组织系统本身的优势与劣势为基准。环境分析与系统分析都应当将人力资源因素作为重点考虑的要素，是企业达成战略目标的重要条件与关键保证。

其次，战略的制定对企业资源，尤其是对人力资源（知识、技能和文化）的要求，也经常会变化。人力资源管理部门就必须制定一定的措施，提升员工的能力，使人力资源的工作行为变得更加积极有成效。积极、高效地管理人力资源是维持并提高绩效管理水平的重要保障，是完成企业战略目标的必要条件。

第四节　相关理论基础

一、人本管理理论

人本管理就是以人为本的管理思想与模式。人本管理的核心是人，把人看作公司发展过程中最关键的一种资源，按照人的思想、行为规律，采取多种措施，将人的主观能动性、积极性、创造性最大限度地激发和发挥出来。人本管理指的是要实现公司的战略目标，所有的工作都以人为核心，尊重、吸引、培养、激励与留住人。人本管理是以建立和谐的人际关系为中心，不断提高个体的工作效率，从而使组织的工作效率得到提高，使个人和组织的发展达到共赢的目的。人本管理理论的实行主要依靠以下三方面。

1. 人的心智模式

一个人的思维方式，决定了人的心智模式。重视人的价值，以未来为导向，做好员工的思想引领和培训，使员工得到全方位的发展。

2. 人的技能进步

劳动技能是人类赖以生存的基础，提高人的技能是精通专业技术的必由之路，通过学习和培训，提高员工对与所从事工作相关的知识的掌握程度和行为的熟练程度，从而能够创造出更多更好的价值。

3. 和谐的人际关系

稳定是发展的根本，和谐的关系可以推动人的发展，也可以推动组织的演化，只有在稳中求进、不断向上的过程中，人才可以得到全面发展，从而达到创新的目的。

二、利益相关者理论

1984年，美国学者弗里曼（Freeman）出版了《战略管理：利益相关者方法》。利益相关者理论是指在企业的经营和管理活动中，由于涉及了各个利益相关方，这些利益相关方的行为以及与公司管理活动或业务发展方向有直接或间接关系的对象，都可以成为企业的利益相关者。这些人包括：员工、股东、顾客、供货商等。利益相关者学说指出，在企业运营管理中，不但要顾及大股东的利益诉求，更要重视并保障政府、雇员、顾客等的权利。在企业的经营和管理活动中，涉及各个利益相关方，为了使这些人能够得到最大程度上的满足，企业管理层需要对各利益相关者的需求进行全面平衡。这就要求企业在制定经营策略时，要充分地考虑企业内部和其他利益相关者之间的关系，并对其进行分析。企业应当充分考虑到所涉及各利益群体的相关诉求，尽可能平衡各种条件，并制定有效和健全的经营管理措施。从这个角度来说，在企业中存在着一种关系，它会影响企业的正常运营和发展。利益相关者理论是一种系统性的思维模式，它主要是从各个方面来考虑问题。其中包括了利益相关者之间的关系、利益相关者与企业之间的关系以及企业与其他组织之间的关系。从这些角度出发，可以将"利益相关者理论"看作一个完整的思维体系。企业高管应该理解和尊重一切与企业的行动和成果有着紧密联系的人，并尽可能地满足这些人的需要。这样做不仅可以确保股东在追求经济利益时不会受到损害，还可以使非股东得到相应的补偿。从这个角度来说，合理地制定并实施绩效管理指标可以为实现所有利益相关者的利益最大化提供基本保障。

三、激励理论

激励理论，由美国管理学家泰勒自20世纪初开始的对员工工作积极性的调查研究逐步发展而来，并经过补充与完善形成了一套系统的激励理论。激励的成效往往与组织的成功有密切的关系。激励理论对激励活动的基本规律、原理与方法进行了总结，对企业管理活动中激励活动的作用做出了科学阐述。除此之外，激励理论也从其他不同角度进行了深入研究。一是需求激励，认为人们一旦满足了基本需求，就会萌发出更高层次的需求，并且在追求更高层次的需求过程中，不断提高自己的需求，从而形成内在的激励。二是目标激励，即人们为了实现自己的目标而努力，并且实现目标之后的期望也会对人们的行为形成一种行动上的激励。三是公平激励，认为职工所关注的是工资是否平等，并非工资的多寡，必须公正、合理地划分，所以必须通过客观评价来反映这种公平性。以往的激励理论，主要关注"需求"，这固然是因为"需求"是人性的本能，是一种相对稳定的心理状态，但它并没有回答企业如何激发员工的创造力与积极性这一问题，而这一问题，一直以来都是一个值得探讨的话题。在激励体系中，目标的设定是一个关键的步骤，它既要体现出员工的个体需要，也要体现出企业的战略目标。只有这样，才能更好地激发员工的创造力与积极性。合适的激励措施在企业管理中能够激发个人的创造价值与工作积极性，使个人的成长发展与企业的战略管理目标更好地匹配。激励不仅能增强员工的工作积极性，而且还能对其行为起到一定的调控作用。通过合理设定激励目标、给予适当的物质和精神奖励等方式来促进员工发展、实现企业经营目标。激励理论是在企业管理中实现激励制度的基本理论依据。从根本上来说，激励理论是基于行为科学、人本管理、公平与公正、自我实现等基本原理来设计和实施激励机制的。它强调发挥人本身固有的动力和潜能，激发员工积极主动地进行自我管理和自我调节。因此，在企业管理中实现激励制度可以通过激励理论来实现资源管理配置的优化，从而提高企业管理能力，不断增强企业核心竞争力和凝聚力，推动持续创新发展。

四、关键绩效指标理论

关键绩效指标理论指从企业的总体战略目标中提炼出目标，并从中挑选出对企业价值具有决定性影响的关键绩效指标，从而保证企业的总体战略目标得以实现。关键绩效指标具备了以价值为导向的作用，它能够对企业的战略目标进行有效的分解和细化，推动绩效管理体系持续优化，让企业的战略目标能够更快地实现。在企业的日常绩效管理过程中，关键绩效指标法具有很强的理论意义。通过构建核心绩效指标，可以使企业员工达到自己的工作目标，在繁杂的工作环境中寻找关键点。根据这些重要的绩效指标，可以有效地提升自己的工作效能，明确自己的工作重心，从而更好地完成企业的整体战略目标。通过对关键指标的引导和激励，使企业的个体利益与企业的总体目标有机地结合起来。同时，也可以有效地降低经营成本，提高经营效率，使企业内各成员间的信息交流更加及时。在企业的日常运营过程中，员工能够有效地明确自己的工作职责，迅速发现在日常运营中存在的问题和不足，并能够与管理者进行沟通和反馈，并提出相应的改进措施。

五、可持续发展理论

可持续发展于1978年由联合国环境和发展委员会首先明确提出。可持续发展理论认为目前社会经济的繁荣发展，并不能以透支未来的生活资源为代价，应该以公平性、持续性、市场经济共同性为基本原则，推行高效、平衡、人与自然环境共存的国民经济可持续发展。实现经济社会可持续性发展是在人类社会快速健康发展道路中的理性抉择，如果不加节制地使用，甚至破坏环境资源，对子孙后代来说是不负责任的经济发展方式，也会给当代人带来很大的自然灾害风险。所以，应该注重环保，进一步快速构建环境友好型社会，在人类可以接受的范围内谋求最大的经济社会发展利益，这就需要环保意识和发展思想的统一和配合，实现整个社会经济可持续发展功在当代，利在千秋。可持续发展的关键战略思想是利用技术的革新、经济机制的变革以及增长模式的变革来寻找新型的经济增长模式，比如利用大企业的低碳减排技术，降低有害废气和二氧化碳等温室气体的总排放量，并且将二氧化碳的排放量作为一项金融资产在市场中自由交易，以满足政策监管以及环境保护的要求，通过政策与市场的结合，减少对环境的破坏，提高发展的质量。所以，在可持续发展理论的指导下，如何根据现有科技水平与发展条件，在加强环境保护的基础上，同时取得经济效益的持续发展，成了企业尤其是高污染行业重点考虑的问题。

六、低碳经济理论

"低碳经济"这一理念是2003年英国政府在战略文件《我们未来的能源——创建低碳经济》中首次明确提出来的。根据预计，英国将在2050年实现二氧化碳排放量，较1990年减少大约五分之三。这个目标有利于英国政府实现从传统式经济增长向低碳经济发展方式的过渡。全球范围内诸多专家对低碳经济的内涵和概念都进行了阐释，其核心是"低排放、低耗能、低污染"。低碳经济是在全球环境恶化、碳污染严重的背景下孕育出来的，是专家学者对社会和经济发展的一种新思考，也是人们未来生活中经济进步发展的一种必然方式。其内涵是用更少的污染，换来更多的经济产出，创造更优质的生活。相对于旧有的经济模式，低碳经济在保证高质量，促进经济进步和社会发展的同时，利用能源技术等高科技手段，在保证经济发展的前提下，减少能源的消耗，减少有害污染气体的排放，实现人与自然和谐共生，给人类以及子孙后代一个和谐共生的生态环境。低碳经济，通过高效利用能源和降低环保成本，获得巨大的经济增长，是一种低污染、低耗能、高效益的新经济增长方式。低碳经济系统是以降低总温室气体排放量为宗旨，以低碳科技系统、低碳能源体系和低碳生产系统为基石的可持续发展的经济系统。其总体宏观目标是在整个经济社会的再生产环节中——制造、交易、分配、消费等，逐步达到并实现全部社会经营行为的最低碳化，从而尽可能地减少二氧化碳的总体排放量，进而在最大程度上保护环境，确保经济绿色、可持续地安全发展。低碳经济，是继承了中国传统的生态经济学、绿色经济学以及可持续发展观等概念，又能更加具体地表现在社会生活中的一种概念。由于温室气体的最主要成分是二氧化碳，人均碳排放量是指在生产和消费过程中，整个社会产生的温室气体排放量平均到每个人身上的量。对于社会中的某一产品而言，其累计释放的年均温室气体总量是变化的，即碳总量是动态的。动态的碳总量说明在这个系统中，每一种产品的不同批次都可能出现不同的碳排放总量。由于我国环保水平的不断提高，我国相继实施了一些碳排放标准，如2014年7月1日起执行的，被称为中国史上最严格的火电排放标准，在较大范围内有效降低了我国火电厂烟气、氮氧化物和二氧化硫等环境污染物质的总体排放量，并可以有效促进我国在除尘脱硝等环境保护领域的快速发展。

第三章
战略绩效管理

在现代市场经济中,企业面临的竞争越来越激烈,为了降低企业的经营风险,增强企业在市场竞争中的核心竞争能力,许多企业采取了多元化经营方式和层级制组织结构。实践证明,这些措施在一定程度上分散了企业的经营风险,减少了市场交换中的交易费用。但是由于各经营主体和各层次的组织均有自己的绩效目标和利益关系,在现实的企业活动中,它们的经营活动又常常和企业总体目标脱节。为了解决这个问题,企业必须将战略的实施与绩效管理有机地结合起来,让战略导向绩效管理,在追求实现绩效目标的同时实施企业战略。

第一节 战略绩效管理的内涵

一、战略与绩效管理的关系

在当今竞争激烈的商业环境中,战略与绩效管理的关系已成为组织成功的关键因素,它们共同构成了企业运营的核心。组织必须制定明确的战略并高效地进行绩效管理,以确保长期的成功和可持续发展。战略管理涉及制定组织的长期目标和规划,而绩效管理则是确保这些目标得以实现的执行工具。探讨战略与绩效管理之间的关系,以及如何通过有效的绩效管理体系来支持和实施战略目标,可以为组织带来可持续的竞争优势。

绩效管理是战略管理组成部分中"测评与监控战略目标"最重要的构成要素,是具有战略性高度的管理制度体系。具体而言,战略管理是实现企业使命与目标的一系列决策和行动计划,包含这样几个问题:做什么(what,什么行动),谁去做和为谁做(who,行动的主体和客体),怎么做(how,行动的方法),在哪里做和何时做(where、when,行动的时空范围)。在以往的企业战略策划中,无论是国外还是国内企业的实践,这几个方面基本会被考虑到,但是却忽视了一个很重要的问题，即行动的效果或结果是什么，也就是做得怎么样的问题。实际上，是否对行动的过程及效果加以监控和管理，已成为传统的战略规划（Strategic Planning）与现实中更科学、更具有实际效果的战略管理（Strategic Management）的本质区别。战略管理不但考虑了传统企业战略的上述几个方面，更重要的是它特别强调对行动过程及所产生的效果的管理。

战略的目的在于总体绩效的提升，而绩效管理则是打通从战略管理到绩效提升的各个环节，使战略方案更具操作性，切实提升企业执行力。为了保证战略的实施，企业在建立绩效管理系统的时候，应充分考虑企业战略，以企业战略为依据，明确地对每一位员工应该完成的任务进行科学合理的界定，形成相应的绩效目标。只有这样，才能最大限度地确保战略的可行性，同时正确地引导员工达到和提高绩效，从而提高组织和团队的整体绩效，增强企业在市场中的核心竞争力。企业所拥有的核心能力是企业实现绩效以及拥有持续竞争优势的决定因素。企业的竞争优势是企业绩效的另一种表述，或者说企业绩效是企业竞争优势的具体体现。

战略管理和绩效管理是密切相关的。绩效管理系统只有在战略的指导下才能真正起到绩效导向作用，而战略需要绩效管理的支持才能真正落到实处。企业战略是企业使命的具体化和对企业长远发展目标的一种规划。如果只重视对短期经营结果的评价，势必助长被考核者的短期效应与近视眼光，这对于企业的长期发展是不利的。因此，战略绩效管理是从企业战略目标的制定和分解出发，借助平衡计分卡方法、关键绩效指标法、战略地图等一系列先进的绩效管理工具，最终帮助企业实现战略目标的过程。

(一) 战略对绩效管理的驱动作用

1. 战略目标的具体化

战略规划为绩效目标设定提供依据，确保绩效目标符合长期发展需求。将抽象的战略愿景转化为具体的绩效目标，增强可操作性。明确的战略意图，使组织的战略目标清晰明确，为绩效管理提供方向和目标。通过分解战略目标，将战略目标转化为可衡量的绩效指标，确保各部门和员工的目标与组织战略保持一致。战略为绩效管理提供了一个框架，将抽象的战略目标转化为可操作的任务和指标，而且通过设定具体的绩效指标，员工能够明确自己的工作目标，并与组织的战略目标保持一致。

2. 战略资源的优化配置

根据战略目标，企业可以合理配置人力、物力、财力等资源，提高资源使用效率；而通过资源配置，为绩效目标的实现提供必要的支持和保障。

3. 战略沟通与绩效文化建设

有效的战略沟通，可以塑造以结果为导向的绩效文化，能够确保所有员工理解并认同战略目标，鼓励员工积极参与绩效管理，形成共同的绩效文化，有利于战略目标的实现。

（二）绩效管理对战略实施的支持

建立以战略为导向的绩效管理体系，确保绩效管理活动支持战略目标的实现。同时根据市场和组织内部变化，动态调整绩效目标，保持与战略的一致性。

1. 绩效监控与战略执行

绩效管理通过定期的评估和反馈机制，监控战略执行过程中的进展和问题，同时及时调整策略和计划，确保战略执行不偏离预定的轨道。通过绩效监控，实时跟踪战略执行的进度和效果，及时发现问题。根据绩效监控的结果，调整战略执行计划，确保战略目标的实现。绩效管理体系为每个员工设定清晰的工作标准和期望，这些标准直接与组织的战略目标相联系。明确这些标准有助于员工理解他们在企业战略实现中的角色以及如何为整体战略做贡献。战略管理与绩效管理是相互依存的，一个有效的绩效管理体系能够将战略目标转化为具体的行动，并通过监控、激励和支持机制来确保这些目标的实现。组织必须认识到战略和绩效管理之间的紧密联系，并采取措施确保两者的有效结合，以实现组织的长期成功。

2. 绩效评估与战略反馈

通过客观的绩效评估，评价战略实施的成效，为战略调整提供依据。建立有效的战略反馈机制，将绩效评估结果反馈给战略制定者，促进战略的持续改进。定期的绩效反馈帮助员工了解自己的工作表现，并指导他们如何改进以更好地实现战略目标。反馈机制确保员工在实现个人目标的同时，也支持组织的战略需求。

绩效管理强调战略的沟通，确保所有员工都能够理解组织的战略目标及其对个人工作的意义。良好的沟通有助于建立信任，并促进员工对战略的认同和参与。绩效管理体系可以识别员工的培训和发展需求，这些需求与组织的战略目标紧密相关。通过提供必要的培训和发展机会，员工能够提升技能，更好地支持战略的实施。

3. 绩效激励与战略动力

绩效管理体系中的激励机制可以与战略目标结合，鼓励员工朝着组织的战略目标努力。设计与战略目标相匹配的激励机制，激发员工实现绩效目标的动力。通过绩效激励，将战略目标转化为员工个人的行动动力，推动战略目标的实现。

综上所述，战略与绩效管理是现代组织不可或缺的两个方面。它们相互依存，相互作用。战略目标的明确设定和有效转化为绩效管理的具体行动，是确保组织在竞争中立于不败之地的关键。同时，一个科学、系统的绩效管理体系能够有力地支撑和推动战略目标的实现。因此，组织应当重视战略与绩效管理的有机结合，通过战略绩效管理体系，不断提升组织的竞争力和可持续发展能力。

二、战略与绩效管理脱节的原因

现实中我们经常会发现一种奇怪的现象：部门绩效突出，但企业战略目标却未能实现。造成这一现象的根本原因在于战略与绩效管理脱节，即战略的制定和实施没有有效融入绩效管理中，形成一体化的战略绩效管理系统。有些企业整体管理基础薄弱，绩效管理只是简单地就绩效谈绩效，成了单纯评价员工业绩的工具，而不是从战略的高度帮助企业建立卓越的绩效管理体系，从而使得绩效管理流于形式。

那么战略与绩效管理脱节的原因是什么呢？

（一）观念上的误区

首先，战略总让人感觉高不可攀。在许多企业里战略更是被蒙上了一层神秘的面纱，普通员工往往认为这是企业高层的事，自己只要勤勤恳恳、任劳任怨把手中的事做好就行了，造成高层清楚、中层模糊、基层不知道或根本不想知道"战略是什么"的局面。

其次，很多企业管理部门往往把绩效管理等同于业绩考核，认为考核就是为发奖金提供依据，因此只注重对战略目标实现结果的考核，并把它简化为对几个单一的财务指标的考核。

事实上，绩效管理尤其是战略绩效管理不仅仅涉及绩效考核与激励，更侧重对整个战略制定及实施过程的评价与管理；考核的指标也不仅仅是一两个财务指标，还涉及很多非财务指标方面的内容，如客户方面指标、创新方面指标、员工学习与发展方面指标等。

（二）战略自身的空洞性

有些企业把战略当成口号，设计目标的时候，盲目提出"冲击世界500强""产值翻番"等战略性口号。他们根本不考虑企业自身的实际情况，也不考虑所处行业及竞争对手的情况，更不注意社会、政治、经济、环境等因素的影响，这就造成了企业制定的战略本身就非常空洞，缺乏实施的可行性，使员工认为战略高不可攀，从而产生消极情绪，最终导致战略变成"一纸空文"，绩效管理也就无法落实。

（三）部门间的目标冲突

企业的绩效考核导向所引起的部门间战略目标的冲突，是造成企业战略与绩效管理脱节的又一重要原因。有些企业的绩效考核指标和标准是全透明的，旨在突出其导向作用，每个部门都清楚知道考核自己的主要指标及其权重，这就使得各部门都努力使考核自身的主要指标达到最优，结果就有可能导致各部门的工作方向不一致，部门间的目标发生冲突，整体战略得不到聚焦。

三、战略绩效管理的含义

（一）战略绩效

战略绩效是企业在实施战略过程中所取得的成果和效果的度量标准。企业首先需要制定明确的战略目标和计划，这些目标和计划需要与企业的愿景、使命和价值观相一致，并反映出当前的市场和竞争环境；制定好目标和计划后，企业或组织需要通过各种手段来实施和监控这些计划，以确保实现目标。战略绩效的评估可以帮助企业确定其目标是否实现，以及所采取的战略是否能够实现预期的结果。战略绩效评估通常考虑到多种因素，如企业财务表现、员工满意度、客户满意度等。战略绩效评估可以帮助企业发现问题和机会，并为未来的决策提供支持和指导。战略绩效管理将绩效管理放在了企业战略的重要地位，它强调的是为企业发展的战略目标服务，重视对战略执行的过程和战略阶段性目标的调整和改进，它对优化企业的组织结构、提高企业的核心竞争力、提高企业的管理能力、推动企业的创新和发展都起到了积极的作用。

（二）战略绩效管理

随着企业生产的发展，绩效管理的发展经历了一系列的变化和创新，从基本的绩效考核发展到了全面的战略绩效管理，从关注员工个人的绩效发展到了重视团队组织的绩效。这些变化和创新使得企业可以更加有效地管理战略目标和资源，优化业务流程和绩效，并不断提高企业的市场竞争力，提升企业经营业绩。战略绩效管理是一种基于战略目标制定、实施、监测和评估的绩效管理，旨在帮助组织实现其长期战略目标，通过将战略目标转化为具体的各级绩效指标，以及通过分配资源、实施计划和监控绩效等环节，确保组织能够达成其战略目标并持续改进。

战略管理和绩效管理是现代企业管理的重要组成部分，将绩效管理与战略相联系，是近年来企业管理的显著特点。战略是对未来结果的一种期望，这种期望的实现要依靠组织所有成员、按照一定逻辑相关性和绩效要求的导向，通过发挥员工的创造性和努力来实现。因此，战略管理和绩效管理是密切相关的。战略管理只有在绩效管理的支持下才能将战略转化成企业日常的经营目标，战略才能真正落到实处。而绩效管理也不能脱离企业的战略，只有在战略的指导下绩效管理才能有正确的监督、评价、激励员工的行为，真正起到导向作用。

基于战略的绩效管理是以企业战略为出发点，对企业绩效实现过程中各要素的管理，是通过建立或明晰企业战略、分解目标、沟通与宣传、业绩评价，并将绩效考核结果应用于企业日常管理活动中，以激励员工业绩持续改进并最终实现企业战略及目标的一种管理活动。绩效管理是战略制定和执行的有力工具和手段，是具有战略性高度的管理制度体系。

战略绩效管理系统是在企业与部门、员工相互沟通的基础上，通过一定的科学方法将企业的战略分解并转换成具体的绩效目标，分配给相关部门和相关岗位的员工，在双方共同确认的基础上制定绩效目标计划，并在战略的指导下进行绩效实施与监控、绩效评估、绩效反馈与面谈等活动的一系列绩效管理活动过程。

战略绩效管理系统相对于传统的绩效管理系统而言，更强调绩效管理过程中的战略导向性，将企业的战略与绩效管理时刻联系在一起，主要表现在绩效管理的各个环节。

在绩效计划的制定阶段，战略绩效管理的绩效目标是通过对企业战略进行分解制定的，是战略的又一种表述方式。因此，绩效目标的实现过程其实就是企业战略得以逐步实现的过程。企业在绩效管理过程中实现战略，同时在战略引导下进行绩效管理。

在绩效实施与监控过程中，实施与监控这两个方面始终都是以企业战略为依据的。绩效实施中执行的绩效计划是由企业战略分解得来的绩效目标；绩效监控过程通过对绩效计划执行过程进行监控、对战略目标实施过程进行实时监控，如果出现偏差，应及时纠正。

绩效评估的目的一方面是对员工关于绩效目标的执行做出公正合理的评价，另一方面还要评估员工的行为对企业战略目标的影响。

在绩效反馈与面谈中，其内容都是围绕企业战略和绩效评估结果进行。管理者不仅要引导员工正确对待绩效评估结果，帮助员工分析绩优或绩差的原因，制定相应的改善绩效的措施；同时还要同员工一起分析该绩效评估结果在企业战略中的作用、对企业战略实施的影响等。

在绩效结果的应用中，企业制定的激励政策不仅能提高员工的积极性，而且还应该有利于企业下一阶段战略目标的实施。对于有利于企业战略目标实现的行为，根据评估结果给予相应的奖励；对那些有利于员工的个人绩效却不利于企业战略的行为，应以企业战略为重，综合权衡加以纠正；对于不利于企业战略的行为，则坚决进行制止甚至根据绩效管理制度进行惩罚。因此，战略绩效管理系统是一个将企业战略与绩效管理紧密联系在一起的大管理系统。企业在战略的导向下进行绩效管理，在绩效管理的过程中实现企业战略目标。

四、战略绩效管理的特点

战略绩效管理系统相对于传统的绩效管理系统而言，具有下列特点。

战略绩效管理系统强调用绩效管理来实现企业战略，重视对员工行为的引导，使部门、员工的行为与企业的战略目标相连接。

战略绩效管理的结果是双赢的，它不仅是企业实现其战略目标的有力工具，而且能帮助员工实现个人绩效目标，使企业和员工都得到发展。

战略绩效管理重点关注的是企业的未来，同时对企业的业务流程和员工的行为进行实时评价分析和前瞻控制。

传统的绩效考核注重根据考核结果对员工过去的工作进行评价，战略绩效管理系统强调战略引导性。企业绩效目标越接近战略，在企业中就越容易获得相应的资源支持，绩效目标也就越容易达到，同时企业的战略也就越容易融入绩效管理中，战略目标也就越容易得到实现。

五、影响战略绩效管理有效实施的内外部因素

企业的经营环境对战略绩效管理的实施提出了严峻的挑战。影响其有效实施的因素错综复杂，不仅包括内部治理机制、企业文化和员工能力，还包括外部的行业竞争动态、国家相应政策和市场需求的波动性。

在企业内部，管理制度的不完善是阻碍绩效管理实现的重要瓶颈。很多企业采用的是单纯追求利润贡献率的管理方式，缺乏适合企业长远发展的战略性绩效管理体系。这种缺失使绩效评估往往局限于表面的绩效成就，忽视了持续改进和创新的意义。

再者，部分企业的企业文化不成熟，无法为战略绩效管理所导致的变革提供思想理念方面的支撑，导致员工的思想与行动脱节。在文化战线上，许多企业在快速成长阶段缺乏有效的价值引导，导致员工行为缺乏统一的方向，个人绩效与企业战略目标脱节，阻碍了整体绩效的提升。另外，不同员工工作能力的差异也会对绩效管理体系的构建和执行产生不利影响。如果不能正确理解战略目标，缺乏对绩效管理工具的熟练掌握和积极实现战略目标的文化氛围，即使是精心设计的绩效管理体系也很难取得预期的效果。

从企业外部来看，行业竞争的激烈程度、技术进步的速度、国家政策的变化以及市场需求的不确定性都是企业战略无法忽视的关键因素。例如，竞争对手的战略调整会显著影响企业自身的战略执行和绩效情况；地缘政治、政策变化、经济环境等宏观因素的波动，会进一步加剧战略执行的复杂性和不确定性。在这种背景下，企业必须表现出足够的市场敏感性和适应性，灵活地应对不断变化的外部环境，确保战略绩效管理系统的实施。

总之，企业要想在激烈的国内外竞争中保持优势，就必须深入分析各种内外部因素，构建和完善能够及时应对外部环境变化、促进内部不断进步的战略绩效管理系统，才能保证企业沿着长远发展的道路不断前进。

第二节　战略绩效管理工具

目前世界范围内被广泛研究和应用的绩效管理理论有很多,其中与战略绩效管理密切相关的主要有两个,一是发展较早的关键绩效指标法,二是 20 世纪 90 年代初产生并被广泛应用的平衡计分卡法。关键绩效指标法和平衡计分卡法都强调绩效管理的战略导向,将企业战略发展内化为企业及员工的具体的工作目标。关键绩效指标是指在某一阶段一个企业在战略上要解决的最主要的问题;平衡计分卡则强调绩效管理与企业战略之间的紧密关系,提出了一种分解企业战略的方法。下面简单介绍这两种绩效管理方法。

一、关键绩效指标

(一) 关键绩效指标的含义

关键绩效指标(Key Process Indication,简称 KPI)是通过对企业内部经营过程的输入端、产出端的关键参数进行设置、取样、计算、分析,来衡量绩效的一种目标式量化管理指标,是把企业的战略目标细化为可操作的具体工作目标,是企业绩效管理的基础。关键绩效指标可以使各部门主管很清晰地明确部门的工作任务、主要职责、关键事项等,每个员工在部门关键绩效指标的基础上明确自己的关键工作任务和衡量标准。

关键绩效指标符合一个重要的管理原理——二八原理。一个企业在价值创造过程中,存在着"80/20"的规律,即 20%的骨干人员创造企业 80%的价值;而且在每一位员工身上"二八原理"同样适用,即 80%的工作任务是由 20%的关键行为完成的。因此,必须抓住员工 20%的关键行为,对其进行分析和衡量,这样就能抓住绩效管理的重心。

建立明确的切实可行的关键绩效指标体系,是做好绩效管理的基础。它有以下几层含义。

一是关键绩效指标是用于评估和管理被评估者绩效的定量化或行为化的标准体系。也就是说,关键绩效指标是一系列相互关联的指标构成的一个指标体系,它必须是定量化的,如果难以定量化,那么也必须是行为化的。如果定量化和行为化这两个特征都无法满足,就不是符合要求的关键绩效指标。

二是关键绩效指标体现了对企业目标有增值作用的绩效指标。这就是说,关键绩效指标是针对企业目标起到增值作用的工作产出而设定的指标。根据已确定的关键绩效指标对绩效进行管理,就可以保证真正对企业有贡献的行为受到鼓励。

三是借助在关键绩效指标方面达成的承诺,员工与管理人员就可以进行工作期望、工作表现和未来发展等方面的沟通。关键绩效指标是进行绩效沟通的基石，是企业进行绩效沟通的依据。

（二）关键绩效指标的类型

通常来说，关键绩效指标主要有四种类型：数量、质量、成本和时限。表 3-1 列出了常用的关键绩效指标的类型、一些典型的例子以及这些指标的数据来源。

表 3-1 关键绩效指标的类型

指标类型	举例	数据来源
数量	设备正常运行时间	生产记录
	销售额	财务数据
	利润	财务数据
质量	故障率	生产记录
	独特性	客户评估
成本	百元人工成本创造收入	财务数据
	用户欠费率	财务数据
时限	及时性	上级评估
	上市时间	客户评估

（三）关键绩效指标的确定原则

总的来说，关键绩效指标的确定要坚持 SMART 原则，包括如下五项基本原则。

1. 具体性（Specific）

绩效指标要切中特定的工作目标，不是笼统的，而应该适度细化，并且随情境变化而发生改变，有明确的实现步骤和措施。

2. 可度量性（Measurable）

绩效指标或者是数量化的，或者是行为化的，验证这些绩效指标的数据或信息是可以获得的，在成本、时限、质量和数量上有明确的规定。

3. 可实现性（Attainable）

绩效指标在付出努力的情况下可以实现，避免设立过高或过低的目标，要让员工"跳起来摘桃子"。

4. 工作相关性或现实性（Relevant/Realistic）

绩效指标是实实在在的，可以证明和观察得到的，而并非假设的，而且紧扣相应的工作内容。

5. 时效性（Time-bound）

在绩效指标中要使用一定的时间单位，即设定完成这些绩效指标的期限，这也是关注绩效效率的一种表现。

二、平衡计分卡系统

平衡计分卡（the Balance Scorecard，简称 BSC）是哈佛商学院教授 Kaplan 和咨询企业总裁 Norton 于 1992 年首次在哈佛商业评论中提出的一种新的、把企业的战略目标转化为一套系统的可衡量指标的企业绩效测评体系。Kaplan 和 Norton 通过对 12 家在绩效测评方面处于领先地位的企业进行了为期一年的项目研究后，在传统的以财务指标为主的绩效评价体系的基础上，引进了与企业绩效有着密切联系的其他三个方面的非财务指标：顾客（Customer）、学习与成长（Learning and Growth）、内部经营过程（Internal Business Process），将企业战略目标与顾客的需求、员工的学习与成长能力、企业的日常经营活动紧密联系。自此以后，平衡计分卡系统一直受到西方学者和管理者的广泛关注。Gartner Group 的调查表明，到 2000 年为止，在《财富》杂志公布的世界前 1000 位的公司中有 40% 的公司采用了平衡计分卡系统，而且在实际运用中，人们逐渐将平衡计分卡系统和企业的战略相联系，使它由一个单纯的绩效测评系统变成一个卓有成效的战略管理系统。

（一）平衡计分卡基本思想

平衡计分卡系统综合了企业未来绩效和战略的驱动因素，将影响企业成败的因素分为四个方面：财务、顾客、内部经营过程、学习与成长，并以这四个方面为框架设计出绩效管理系统。相对于传统的绩效管理系统来说，平衡计分卡系统有很大的突破，而且也取得了一定的成效。

平衡计分卡系统的基本构成框架如图 3-1 所示。它通过财务、顾客、内部经营过程、学习和成长四个方面的关键指标，将企业的战略和愿景分解成四个方面的可操作的、可衡量的工作目标。它以企业的战略目标和竞争需要为基础，与传统的以财务指标为主的绩效评价系统不同，强调非财务指标的重要性，通过这四个方面各有侧重、互相影响的具体指标来体现企业目标、战略重点和企业经营活动的关系，实现企业短期利益和长期利益、局部利益和整体利益的统一。构成平衡计分卡的财务、顾客、内部经营过程、学习与成长这四个绩效维度是内在关联的。四个方面有机统一、缺一不可，共同构成战略导向的企业绩效管理系统。如果把企业的整体战略绩效比作一棵大树的话，只有"根深"（学习与成长从而使创新性强）、"枝壮"（内部经营过程良好从而使生产流程有效率）、"叶茂"（顾客满意度高），最后才能结出"果实"（财务收益好）。其中，财务指标的达成是最终目的，顾客维度是战略目标和绩效目标实现的关键，内部经营过程是基础，学习与成长能力是核心。平衡计分卡方法将结果（如财务目标）与原因（如顾客或员工满意）联系在一起。它是以因果关系为纽带的战略实施系统，有助于衡量、培育和提升企业核心能力，也是推动企业可持续发展的绩效评价系统，有利于企业建立一种长期的、可持续发展的绩效管理制度。

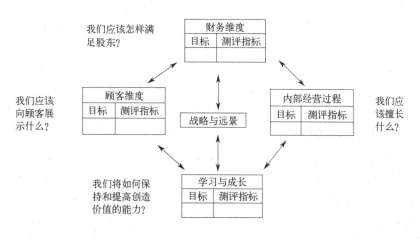

图 3-1　平衡计分卡框架图

（二）平衡计分卡系统在应用中存在的缺陷

在实际应用中人们发现平衡计分卡实施起来很困难，缺乏动态性，存在着许多的不足，需要人们结合企业的具体环境和战略加以改进。Kaplan 和 Norton 也在自己的文章中指出，在新的经济环境中，平衡计分卡系统所提供的框架，并不一定能保证每个企业的战略都能顺利实施。

1. 构成平衡计分卡系统的四个方面缺乏严密性

平衡计分卡从财务、顾客、内部经营过程、学习与成长四个方面来研究企业战略和绩效评价，与传统的只有财务方面的绩效衡量系统相比，有着更为科学的视角。四个方面代表了企业的主要利益相关者：股东、顾客和员工，使他们各自的利益取得均衡。但平衡计分卡将焦点集中在这四个方面的同时，也就限定了驱动企业战略和绩效取得成功的关键指标的范围。但迄今为止没有任何理论支持或统计数据证明，选择这四个方面来衡量企业战略和绩效是必要而充分的，而不是其他的一个或多个方面。实际上，有些影响企业战略和绩效的关键成功因素可能并不属于这四个方面。例如：它并没有把供应商、政府等相关者的利益明确地体现出来。如果某企业的战略中，包括了"通过建立牢固的供应商网络来获得优质低廉的原材料"这一目标，而平衡计分卡系统并没有体现供应商的利益时，就有可能导致企业的战略目标难以实现。

另外,虽然几乎所有企业的平衡计分卡系统都在学习与成长方面包括了员工这一要素,但都缺乏对人力资源管理的足够重视。随着知识经济的发展,人们越来越意识到员工的创新能力和特殊的人力资源对一个企业的成功至关重要,有人甚至主张将"员工"作为单独的第五个方面加入平衡计分卡的构成框架中。

因此,管理者在识别绩效驱动因素时,不能仅仅局限于这四个方面,应该将平衡计分卡看作一个绩效管理系统的基本框架,分析企业整体战略或经营单位的具体战略时,可以根据需要考虑增加其他的衡量方面或指标。当然,并不是所有的与企业有关的指标都应该在平衡计分卡中占有一席之地,企业应当根据自己的战略,选择绩效驱动关键因素和对经营单位的战略成功至关重要的方面,否则会因绩效测评范围的扩大而导致指标数量的增加,进而带来指标设计方面的问题。

2. 指标设计存在困难

平衡计分卡系统的四个方面只是为绩效的衡量提供了一个框架,真正的绩效衡量过程,是通过这四个方面将企业战略目标转换成可计量的指标进行的。这表明这些测评指标的选择非常关键,选择不恰当就会使人觉得平衡计分卡只是企业所有绩效指标的分类综合。

3. 指标数量的多少问题

对于指标数量多少的问题,人们一直很难把握。一方面,平衡计分卡设计的关键指标不能太多,否则不仅会使平衡计分卡实施起来费时费力,而且还可能会减少指标的边际贡献和相对权重。另一方面,平衡计分卡作为一个完整的绩效测评体系,又希望能够衡量企业的方方面面,要求指标又不能太少,要具有完整性。一般来说,指标的收集和加工是需要成本的,尤其是一些非财务指标(例如员工的创新能力、竞争对手的相关数据等)往往需要花费较大的人力和物力才能获得。如果指标太多,还容易使人忽略有用的信息。因此,关于平衡计分卡指标数量的多少问题,一直没有一个确切的答案。虽然 Kaplan 曾在他的文章中指出,平衡计分卡系统应包括 15~25 个财务性和非财务性的指标,但这也只是指导性的,对于某一具体的企业还必须进行具体的分析才行。

4. 指标的权重问题

对于企业的战略和绩效来说,并不是所有的指标都是同等重要的,即使是同一指标在不同的目标下,它的重要性也不一样,但平衡计分卡系统并没有指出如何来权衡这些指标的相对重要性和对它们赋以权重。

为了更好地对企业绩效进行测评,平衡计分卡系统不仅要在四个方面之间分配权重,而且要给同一方面的不同指标赋以相应的权重。权重不同,将会导致绩效衡量结果也不相同。对于具有多个经营单位的企业来说,有些指标可能适用于每个经营单位,而有些指标可能只是某个经营单位特有的,用来反映某个经营单位的特有战略。尤其是目标相同或相近的经营单位之间，它们各自的指标可能具有的相对重要性不同。对于这些指标，如何给它们赋予相应的权重，以体现它们在平衡计分卡中的不同地位，从而正确地评价经营单位的业绩，是平衡计分卡系统在开发和使用中的一大难题。如果人们低估或者忽略这些指标的权重，尤其是那些特有指标的权重，必然会极大影响评价结果，从而降低了平衡计分卡的效用。

5. 指标的量化问题

对于管理者来说将目标转化成可计量的业绩指标，并不是一件容易的事情，因为并不是所有的指标都可以量化。尤其是一些非财务性指标，要进行量化就需要收集大量的信息，花费大量的成本，而得出的结果并不一定准确，这就使其客观性受到怀疑。另外员工在非财务指标方面取得的进步也难以用数字计量，短期内很难立即看出非财务指标的改进对企业业绩有多大影响，以致企业管理人员在非财务因素方面的努力很难显示出成果来；但如果对定性指标不进行量化，又会影响评价的客观性，不利于人们对企业绩效做出合理评价。

6. 指标间的内在关联性问题

平衡计分卡系统不是简单的指标堆砌，而是指标间存在各种各样的原因和结果（或手段和目的）的复杂关系。一方面构成平衡计分卡系统的四个方面存在着垂直的因果关系，另一方面每个方面内部的指标也存在一定的因果关系（例如：提高顾客满意度能导致较高的顾客保持率，从而增加企业利润）。另外在平衡计分卡的因果关系中，还存在着一果多因的情况。但在平衡计分卡系统中，企业不可能将所有的导致绩效结果的相关因素都罗列出来，这就要求管理者要对这些因果关系进行科学的调查、分析，确定哪个或哪几个驱动因素是导致结果的关键性指标。这无疑会给企业带来大量的信息收集和处理等工作，加大了工作量，也增加了企业的成本支出，而且还不能确保最终所选的指标不受人为因素影响。

7. 指标的动态性问题

平衡计分卡的大多数指标都是静态地衡量绩效。但随着时间的推移和具体环境的变化，指标的重要性、指标间的因果关系、关键指标的选择等都有可能会发生变化。企业应该及时、动态地选择绩效衡量指标，但平衡计分卡系统并没有提出如何实现指标的动态化调整。

8. 统一企业和经营单位的平衡计分卡存在困难

对于一个包含了多个经营单位的企业来说，理论上要求企业总体的战略与经营单位的战略协同发挥作用。企业层次的平衡计分卡系统反映了企业的总体战略，把具体的业务和相关的利润目标分配给下属的各经营单位。在企业的总体战略指导下，各经营单位为实现企业整体的目标确定自己的经营方式。但当各个经营单位的经营活动相差较大或不同经营单位处在不同的生命周期的时候，按照企业的总体战略，有些对于企业来说并不重要的目标，但对于具体的经营单位来说可能是非常重要的目标。因此，在企业的平衡计分卡中可能会低估这些指标，有的甚至并不一定能够在平衡计分卡中体现出来，造成某个经营单位的业绩不能被正确地评价。当两个或多个经营单位在经营活动中相互依赖时，经营活动花费的成本和取得的收益要在这些经营单位中进行分割。分割的方式和原则不同，就会导致不同的经营绩效，如何解决或避免这种矛盾发生，在平衡计分卡系统中难以找到答案。

另外，平衡计分卡没有提出支持企业战略与下属各经营单位的战略之间实现动态调整的理论框架，当企业所处的环境或某个经营单位的具体环境发生变化时，应如何及时恰当地调整战略和进行绩效评价，是平衡计分卡系统所面临的难题之一。

9. 平衡计分卡的实施存在一定的难度

开发和实施平衡计分卡，无疑会给员工增加大量的工作。如果企业要依据平衡计分卡系统测评的结果来考核部门和员工业绩并以此作为奖惩基础时，平衡计分卡系统的使用，就会在企业内部引起相关的薪酬、奖励、职务升迁等诸多方面的变化，而不论采取何种业绩衡量标准，都会给部分员工的工作或薪酬带来不利的影响。所以在平衡计分卡系统的开发和使用中，总会遇到员工抵触甚至反对的情况，这给平衡计分卡系统在企业中具体实施带来很大的阻力。另外，平衡计分卡系统是根据企业的战略来预先设定绩效衡量目标，对企业和经营单位的业绩进行测评。但如果平衡计分卡的绩效目标设定后，外界环境发生了很大的变化，使得目标和结果发生较大的偏移时，就有可能导致员工的相互利益发生重大改变，这时平衡计分卡系统应如何采取相应的措施来评价绩效？是继续采用原定的目标还是重新设定新目标进行绩效测评？如果企业在开发和使用平衡计分卡之前，没有认真地考虑如何解决这些问题，当这些情况发生的时候，利益受到损害的员工，就有可能极力阻挠平衡计分卡系统的实施。

同其他任何一种管理工具一样，平衡计分卡本身也不是一个完善的系统。不同企业所设计的平衡计分卡系统具体内容不同，使得企业间的平衡计分卡缺乏可比性。平衡计分卡的四个方面由各种关键指标组成，任何一个方面的关键指标所代表的是企业中的"树枝"，缺乏综合反映企业目标和经营业绩的评价指标。当指标间发生冲突时，人们很难做出正确的抉择。

平衡计分卡系统同其他的绩效衡量系统一样，有着自己的优点和各种各样的不足。为了保证平衡计分卡系统有效地顺利实施，管理者上下级之间、同级之间以及员工之间应该及时地交流、反馈和学习。尤其是当企业财务方面的指标不理想时，应全面分析平衡计分卡系统的各个方面，因为对于任何一个企业来说，无论它从哪些方面或采取哪些指标来衡量企业的绩效，最终都要反映到财务指标上。企业在开发和使用平衡计分卡系统的过程中,应结合具体的实际情况,合理解决平衡计分卡存在的问题,制定适合自己企业的平衡计分卡系统。随着学术界和企业家的进一步研究和实践,平衡计分卡系统会在企业的应用中变得越来越完善。

三、战略绩效管理工具

最早的战略绩效管理方法是管理学家彼得·德鲁克于 1954 年提出的目标管理（MBO）。这一概念的提出为绩效管理引入了对组织战略目标进行分解的方法,并将分解后的分目标作为组织绩效考核、部门绩效考核、每个员工绩效考核的标准。此后理论界又出现了标杆超越（Benchmarking）、关键绩效指标（KPI）和平衡计分卡（BSC）等战略绩效管理方法。这几种方法各有优劣。我国大部分企业的管理基础还很薄弱,因此不能照搬任何一种方法。企业可以汲取各种方法的优势,多种方法融会贯通、取长补短,从企业绩效管理现状出发,对企业现有的绩效管理方法进行完善。本书对目前常用的两种绩效管理方法进行分析,并综合运用 BSC 和 KPI,提出基于战略的绩效管理工具。

平衡计分卡法和关键绩效指标法是目前常用的两种绩效管理方法,但这两种方法在实际的绩效管理应用中各有优缺点和应用范围。平衡计分卡法的优点在于强调了绩效管理与企业战略目标之间的紧密关系,从四个方面将企业的战略分解成具体战略目标和措施;缺点主要是没有将绩效指标分解到企业的各经营单位、各级管理者以及各个员工。关键绩效指标法的优点在于它把企业的战略目标分解为具体可操作的工作目标;缺点主要是没能提供一套完整的、对操作具有战略指导意义的指标框架体系。

战略绩效管理系统通过对企业战略的分解,将企业的战略目标逐层逐级地转换成各部门和各员工的日常经营绩效指标。企业、部门与员工在相互协商的基础上,共同制定绩效目标计划,并在执行中进行持续的绩效沟通、绩效评价与绩效计划的修订,最终达到企业与员工双赢的目的。战略绩效管理系统的主要目的是寻求战略与企业绩效管理的共振,用战略指导绩效管理,通过绩效管理来实现企业战略。因此,单一的平衡计分卡方法或者关键绩效指标方法都很难达到这个目标。本书在分析了二者的优缺点之后,试图提出一种新的战略绩效管理工具,运用平衡计分卡方法,同时辅以关键绩效指标方法来构建企业整体、企业内各部门及员工绩效指标体系,设计出基于平衡计分卡的战略绩效管理工具,为战略绩效管理系统的研究提供了一种新的研究思路和方法。

首先,从企业的战略规划出发,运用平衡计分卡方法从财务、顾客、内部经营过程、学习与成长四个方面对企业战略目标进行分解、具体化、可操作化,并借助平衡计分卡地图清晰地界定企业所要创造的战略成果,以及促成该成果的绩效驱动因素,并把这些因素串成具有逻辑关系的平衡计分卡因果关系链,再完整地呈现出来。

其次,根据各部门的目的和战略使命,在运用平衡计分卡对企业战略分解的基础上,借助关键绩效指标方法建立各部门的 KPI。

最后,明确各部门每个职位的目的和使命,规定该职位的各项职责与任务,明确各职位之间、各职位与部门之间的关系,以及各职位在部门中的地位和作用,各部门的主管和部门的相关人员一起再将部门 KPI 进一步细分,分解为更细的、更具体的各职位的 KPI。

这种战略绩效管理工具,始终坚持以战略为导向,运用平衡计分卡将企业的战略规划从企业到部门再到员工进行分解,将战略目标从企业整体到各部门、各员工进行逐层逐步转换成具体的 KPI。这种对战略绩效管理系统的设计和构建过程,其本身就是研究如何将战略转换成绩效目标、通过绩效目标来实现企业战略的过程。因此,用这种方法构建出来的绩效指标体系具有三个特点:一是战略导向,二是岗位间的指标彼此联系,三是绩效责任落实到个人。图 3-2 是综合运用 BSC 与 KPI 来构建企业、部门及员工的绩效指标体系的流程图。

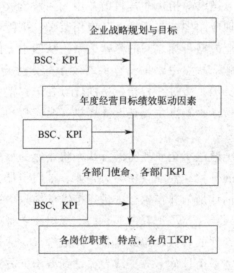

图 3-2 战略绩效管理工具

第四章
基于平衡计分卡的战略绩效管理系统的设计

对于任何一个企业来说，努力使各部门和员工成为实现企业整体战略的有机组成部分，以战略指导企业创造更大的价值和获得长期竞争优势是其取得成功的重要基础。但是，从实际情况看，企业整体价值很多时候不但没有提升，反而有所破坏，其中一个重要原因是企业某些部门和员工的管理目标与企业的战略脱节。企业要想获得长期绩效和竞争优势，其要解决的核心问题是如何将战略与绩效管理系统相联系，使企业的战略渗透和落实到各部门经营活动和员工的日常工作中去。本书试图通过建立战略导向的绩效管理系统，将战略和绩效管理有机地结合起来，在战略的指导下进行绩效管理，同时通过绩效管理来实施企业的战略。

第一节　基于平衡计分卡的战略绩效管理系统的意义

基于平衡计分卡的战略绩效管理是以企业战略为出发点，借助平衡计分卡，对企业绩效实现过程中各要素的管理，是通过建立或明晰企业战略、分解目标、沟通与宣传、业绩评价，并将绩效考核结果应用于企业日常管理活动中，以激励员工业绩持续改进并最终实现企业战略目标的一种管理活动。

一、基于平衡计分卡的战略绩效管理系统

（一）解决战略制定与战略实施之间的断层问题

根据平衡计分卡的理论，将企业战略从财务、顾客、内部经营过程、学习与成长这四个维度展开，在每个维度分别确定企业战略达成所必须完成的战略任务。通过战略地图分析各个战略任务之间相互支撑的关系，从而明确战略目标达成的因果关系。员工可以通过战略地图清晰定位到自己岗位应该做的主要工作和

需要达成的绩效目标,并且通过各要素之间的关联关系,理解自己工作岗位上输出的工作成果对企业战略达成的意义。这不仅使得员工在工作上更有成就感和目标感,也使其更加理解自己的工作,从而驱动自发工作,而不是将工作视作来自上级领导的行政命令。

如果企业的战略不能被全面且具体地描述出来,就会导致不同的人,对战略的理解不同,从而导致实施战略的方式方法不同,最终无法实现战略。基于平衡计分卡的战略绩效管理系统,则可以对战略进行具体的、系统的、全面的描述,从而解决企业各部门和员工对企业发展和战略的认知不全面、不透彻的问题,也可以解决各部门和员工不清楚各自在企业整体战略中的作用、地位的问题。

(二)解决绩效评价与战略目标不统一的问题

相较于以财务目标为主的绩效考核系统,平衡计分卡多维度的评价指标可以弥补单纯依赖财务指标来评价战略目标达成情况的不足,不仅可以更加全面地描述战略目标,而且也能通过绩效评价指标来引导员工行为,将员工工作与战略目标挂钩,将所有员工的工作目标都导向企业整体战略目标。企业在战略目标达成时,不能只重点关注财务指标的达成,如主营业务收入、毛利率、应收账款、库存等指标。这些财务指标都只是对过去发生的事项的衡量,无法评估企业前瞻性的发展。一般来说,当毛利率、应收账款等指标表现较差但主营业务收入指标较好时,企业无法通过这些财务指标判断是为了获取更高的营收在战略上主动放弃高利润率,还是因为战略执行不当,导致毛利率不高。未来为了提高主营业务收入应该做哪些事情?这些问题无法通过财务指标体现出来。如果应用平衡计分卡的理论,从财务、客户、内部经营过程、学习与成长四个维度分别设立目标,不仅会让目标更加丰满清晰,而且员工也能通过各个维度的目标来制定自己的工作计划。

(三)解决战略执行结果与战略目标不一致的问题

平衡计分卡的核心思想是通过财务、顾客、内部经营过程、学习与成长四个方面指标之间互相驱动的因果关系进行绩效考核、绩效改进、战略实施以及战略目标修正。这四个指标中,以内部经营过程为基础,以培养员工的学习与成长能力为核心,提高顾客市场满意度是关键,实现财务指标是最终目的。平衡计分卡形成了一套以因果关系为纽带的战略实施体系,同时也是一套有利于企业可持续发展的绩效评价体系。由此可见,平衡计分卡是一种长期有效的、可持续的绩效管理系统,有助于衡量、建设和提升企业核心能力。应用基于平衡计分卡的战略绩效管理系统,有利于企业建立完整的战略管理流程,改变战略制定、财务预算、绩效考核等各自为政或相互重叠错位的情况,真正做到将战略目标分解到每一个员工身上,将战略目标落实为每位员工的具体工作目标。

二、战略绩效管理系统设计需注意的问题

一是战略目标与关键绩效指标的确定。企业在构建战略绩效管理框架时，应清晰把握战略目标与关键绩效指标之间的关系。首要任务是要求企业明确自己的战略目标。这些目标不应该是模糊不清的概念，而应该是可以衡量的具体结果。例如，如果一个企业的目标是扩大市场份额，那么这种愿望应该转变为具体的希望在多长时间内提高多少市场占有率？战略目标的可测性是绩效管理实施过程中不可缺少的一个方面，直接影响后续关键绩效指标的制定是否科学合理。其次，关键绩效指标的选取必须与企业的战略目标无缝对接。这些衡量标准既要具体，又要有挑战性，但又不能超出部门和员工的实际执行能力。KPI 不应过于复杂，以免分散员工注意力和导致资源配置不当；相反，应该专注于关键的焦点。例如，制造企业应重点关注诸如产品质量达标率、生产效率提升率和客户满意度水平等指标，而对于不重要甚至与企业战略联系非常小的指标可以放弃。最后，KPI 的建立还应该体现动态优化的原则。随着外部市场条件和内部运营能力的演变，KPI 需要进行相应的调整以保持其相关性和适应性。这意味着企业必须建立全面的反馈机制，实时监控各指标的执行状态，并根据反馈及时进行指标调整。

二是制定绩效评价标准和激励机制。在制定企业战略绩效管理体系时，绩效评价标准和激励机制的建立显得尤为关键。它不仅保证了企业战略目标的具体化，而且能激发员工的积极性，从而提高企业的整体绩效和推动企业发展。绩效评价标准的制定应以科学的理论为基础，紧密结合企业的实际情况。一方面，这就需要对企业的战略目标、核心能力和市场环境进行明确的辨析，并将这些要素充分融入评价标准中。另一方面，该标准需要具备可量化、易实施的特点，确保各项指标客观公正地反映员工的工作绩效。这样做，不仅可以向企业提供清晰的员工绩效执行情况，还可以引导员工正确认识自己的职责、目标和不足。激励机制的设计应考虑员工的需求，以便更好地激发员工的内在动机和创新潜能。有效的激励机制不仅体现在物质奖励上，更重要的是满足员工的精神需求和职业发展愿望。例如，对于表现突出的员工，企业不仅要为其提供奖金、晋升等物质激励，还要考虑提供职业培训、学习机会等非物质激励，以全面满足员工对个人成长和实现自身价值的追求。这样的激励机制能够有效提升员工的归属感和满意度，使其能够积极为企业的未来发展贡献更多的力量。在贯彻实施战略绩效管理系统的过程中，必须重视对其实际应用效果的定期检查和调整。企业应根据内外部环境的变化，及时优化和调整绩效评价标准和激励机制，确保两者不断与企业发展需求相适应，从而为企业持续健康发展提供有力支撑。

三是引入战略管理工具和技术压力测试。战略管理工具的引入和技术压力测

试的实施对企业战略绩效管理系统的形成起到了关键作用。企业选择适当的工具和技术来进行战略规划，需要将这些工具和技术整合到企业日常运营中，确保它们对企业战略的实施做出切实的贡献。首先，需要注意的是，在选择战略管理工具时，企业必须评估其与战略目标的一致性。在对企业战略环境进行分析时，SWOT分析、PEST分析、波特五力模型等众多分析工具各有其独特的优势和局限性。正确地选择这些分析工具不仅有助于更准确地识别企业的外部机会和威胁，还能有效地揭示企业的内部优势和劣势，从而有利于制定有针对性的战略计划。技术压力测试是对企业应对市场变化的能力的全面检验。通过模拟各种市场情景，如经济下行、供应链中断或新竞争者的出现等，企业可以预先评估各种战略选择的潜在风险和可能的机会，从而优化制定更具弹性和灵活性的战略应对策略。这一过程的关键在于确保引入的管理工具和技术不局限于理论研究或表层应用，而是渗透到企业的方方面面，成为所有员工日常决策和运营不可或缺的一部分。通过合理运用这些方法，企业可以更好地应对市场波动，灵活调整战略，最终推动企业持续的进步和发展。

第二节 战略绩效管理系统设计基本步骤

战略绩效管理系统设计包含确定公司战略规划、绩效指标制定、绩效管理PDCA循环等主要模块的内容。战略绩效管理系统设计的基本步骤如图4-1所示。

第一步，明确企业的战略规划和目标。分析企业外部环境和内部条件，制定企业的长期战略规划，并根据这个战略规划制定企业具体的经营目标。

第二步，确定部门战略目标及绩效目标。运用平衡计分卡方法，根据战略规划制定部门经营目标；运用关键绩效指标方法，将企业经营目标进行分解，形成部门关键绩效指标。

第三步，确定员工KPI。根据员工的岗位说明书和员工的绩效目标，确定员工个人的关键绩效指标。

第四步，制定绩效计划。管理者和员工经过沟通确定绩效目标和绩效标准，制定绩效计划。

第五步，绩效实施与监控。员工依据绩效计划展开工作，管理者进行指导和监督。

第六步，绩效评估。依据绩效计划，管理者对员工的绩效实施情况进行公平合理的评价。

第七步，绩效反馈与面谈。管理者将绩效结果反馈给员工，双方就绩效改进的方法进行商榷。

第八步，评价结果的使用。根据绩效评价结果决定员工的奖励、薪酬和相应的人事变动。

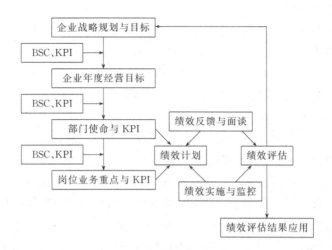

图 4-1　战略绩效管理系统模型

第三节　战略目标的分解及绩效指标体系的构建

一、战略目标的分解与绩效指标体系构建的基本步骤

任何绩效管理系统中，绩效目标是绩效管理的标的，绩效管理的活动都依赖目标的落实。所以，绩效管理系统设计的首要工作就是管理者和员工设定一个共同认可的绩效目标，为绩效管理做最充分的准备。在战略绩效管理系统的构建中，绩效指标体系的制定是最重要的环节，它决定着整个绩效管理活动的成败。如果设置的绩效指标体系偏离了企业的战略，那么后期的绩效管理实施与监控、绩效评估、绩效反馈与面谈等绩效管理环节都将毫无意义。因此，绩效指标体系的制定是构建战略绩效管理系统的核心和首要环节。正是由于绩效指标体系的这种特殊性，要求设置的绩效目标必须具有动态性、前瞻性和战略性，即从企业的战略出发，将战略目标、部门的经营过程、员工的工作行为和谐地统筹起来；使员工日常工作与公司的长期战略目标、绩效目标等联系起来，纵向平衡企业长期与短期发展，横向统筹企业、部门与员工的利益关系，不仅要将每个细节动作执行到位，还要使各个动作有机联系起来，通过绩效目标的完成实现企业的战略目标。

绩效指标体系的设置，可以分两个环节开展。其一，利用平衡计分卡方法从四个方面将企业的战略分解成具体的战略措施，并借助平衡计分卡地图界定战略目标的绩效驱动因素。其二，根据部门的使命和岗位特征，在利用平衡计分卡对战略进行分解的基础上，制定各部门和员工的关键绩效指标，这是下一步进行绩效实施和监控、绩效评估以及绩效反馈与面谈的基础。战略绩效指标体系可以参考下列步骤进行构建。

第一步，明确企业战略规划。企业实施战略绩效管理的前提是对公司采取的竞争战略类型进行梳理，清晰并确定企业三至五年甚至十年的长期发展战略。

第二步，战略目标分解，并绘制战略地图。将企业战略按照财务、顾客、内部经营过程、学习与成长四个维度进行分解并梳理具体因果关系链，通过战略目标描述绘制战略地图，理清实现路径。

第三步，识别战略主题。运用职责分析法，对企业核心价值链和辅助价值链进行相关性识别，形成战略主题，并分解到各部门。

第四步，确定部门使命。准确描述部门的定位与作用，明确部门价值和战略定位。这个过程中每个部门主管需要反复磋商，对价值链流程的优化和组织架构进行梳理，达成一致意见。

第五步，梳理因果关系。梳理战略目标对应逻辑关系，初步筛选衡量指标或行动方案。

第六步，建立关系分析表。通过因果关系分析表确定指标或行动方案衡量公司战略。

第七步，分解指标任务。将衡量指标或行动方案按照承接关系进行综合设计，确定公司和部门的分解层级。

第八步，设计指标要素。衡量指标要明确每个指标的名称、定义、目标值、周期、取数逻辑、责任人、评分标准及权重；明确行动方案阶段性目标和预期成果。

上述八个步骤是设计战略绩效指标体系的基本过程。企业可以根据需要进行选择和调整，特殊情况还可以增加或者细化相应的步骤。

二、战略目标的分解

企业的战略目标是否能够实施，在很大程度上取决于公司各部门及全体员工是否清楚公司的战略目标，以及自己在企业战略中所处的位置、自己的行为对企业实施战略的影响。这就要求我们必须利用科学的方法将公司的战略目标正确地分解到部门员工，这也是战略绩效管理的前提和基础。

平衡计分卡系统为我们提供了一个分解企业战略的好方法。它从财务、顾客、内部经营过程、学习与成长四个方面分解企业的战略，强调科学合理地分解战略规划，四类指标的设置与分解的中心就是战略规划的客观要求。它突破了传统的以财务为核心的绩效评价体系，利用四个维度的全面衡量框架，将企业的愿景、经营策略及竞争优势与企业、部门及员工具体的绩效目标联系起来。

利用平衡计分卡方法分解企业战略时，可以直接对企业的战略进行分解，也可以将企业的战略根据时间进度、各部门的特征和业务内容确定各部门的战略使命，然后利用平衡计分卡方法来对部门的战略使命进行分解。具体使用平衡计分卡分解战略的步骤是：首先将企业的战略从财务、顾客、内部经营过程、学习与成长四个方面进行分解，然后对分解后的四个方面的具体战略目标进行分析，将这些战略目标转换成绩效目标，并根据这些绩效目标之间的相互关系，绘制出绩效指标体系，可以借助平衡计分卡地图来反映这个绩效指标体系以及指标之间的相互关系。

下文以迈克尔·波特提出的两种基本竞争战略——成本领先战略和差异化战略为例，比较说明如何利用平衡计分卡方法来分解企业的不同竞争战略。

成本领先战略的目标是使企业的总成本在同行业中最低，通过降低成本使企业获得竞争优势。差异化战略的战略目标是通过提供独具特色的差异化产品和服务，获得价格溢价，使企业获得竞争优势。对于这两种不同的战略目标，我们首先利用平衡计分卡从四个方面将它们分别分解成具体的战略措施，如表 4-1 所示。

表 4-1　平衡计分卡在不同竞争战略的应用

竞争战略 比较内容	成本领先战略	差异化战略
战略目标	成为产业中总成本领先的企业，获得超额利润	提供差异化产品和服务，使自己的经营独具特色，获得价格溢价
经营目标	较低的管理费用、员工操作熟练、产品标准化	独特的设计、品牌效应、新颖的款式、优质的服务
学习与成长方面	实行标准化操作，提高员工操作熟练度；雇佣有经验的员工，利用学习效应、完善信息系统	对员工进行专业化训练，雇佣拥有专业技术的员工，提高员工创新能力、完善信息系统
内部经营过程方面	采取标准化生产线，生产标准化产品；缩短生产周期；发展规模经济；及时交货；利用创新技术，减少成本；精简机构，降低管理费用，利用优惠的资源	采取柔性化生产线，生产差异化产品；利用关键技术，适当提高产品的转换壁垒；采取纵向一体化方法，建立自己的销售系统，与销售商订立排他性条约，利用差异化资源
顾客方面	在成本与收益之间权衡，通过为顾客提供新产品、建立便利的销售渠道、按时或及时交货、完善的售后服务等途径来增加市场份额、提高顾客满意度和顾客保持率	通过合适的广告宣传、有特色的售后服务、便利的销售网络等途径，来增加市场份额、提高顾客满意度和顾客保持率
财务方面	在提高产品市场占有份额的同时，减少其他的财务成本（如减少应收账款、降低融资成本等）；增加企业的现金流量，提高资本利用率；通过降低产品成本，来增加企业收入	在提高市场占有率的同时，提高资本利用率；通过为顾客提供差异化产品和服务，获得超额利润

三、绩效指标体系的构建

企业的战略被平衡计分卡分解成四个方面的战略目标和相应的驱动因素之

后，我们就可以对企业运作过程中的关键成功因素进行提炼和归纳，将分解的战略目标转换成相应的绩效指标，并根据部门的战略使命和员工的岗位职责等分别制定部门和员工的关键绩效指标。

关键绩效指标的制定可以分两步进行：第一步，将平衡计分卡分解的战略目标转换成绩效目标，并进一步分析驱动这些目标的绩效驱动流程和对应的指标，以及涉及的部门；第二步，根据部门的使命和员工的岗位职责分别制定部门和员工的关键绩效指标。

(一) 战略目标向绩效指标的转换

在第一步战略目标转换成绩效指标阶段，分析绩效指标与战略之间，以及指标相互之间的对应关系，分别列出企业的战略目标、对应的绩效指标（通过战略重点与目标转换得到的）、这些指标的驱动流程和对应的驱动指标，在最后的"可能涉及部门"一栏中还可以填入与该指标关联的部门（这是后面进行部门指标分解的参考依据）。为了说明战略目标向绩效指标转换的过程，以差异化战略为例，通过平衡计分卡对企业战略规划进行分解，得到四个方面具体的战略目标分别为：提高净资产利用率、提高顾客满意度、提高企业创新能力、提高员工技能水平等。如表 4-2 所示。

表 4-2 绩效指标因果关系分析

财务类示例

战略目标	绩效指标	驱动流程	流程绩效	可能涉及的部门
提高净资产利用率	净资产收益率	市场销售流程	市场占有率	销售部门
			税后利润率	销售部门
			销售收入	销售部门
		应收账款流程	应收账款周转率	销售部门
			坏账比率	销售部门
		资本报酬流程	资本报酬率	生产/销售部门

顾客类指标

战略目标	绩效指标	驱动流程	流程绩效	可能涉及的部门
提高顾客满意度	顾客满意度	质量管理流程	产品退货率	生产/质量部门
		价格管理流程	价格变化周期	销售部门
			价格变化幅度	销售部门
		售后服务流程	售后服务客户满意度	销售部门
		客户意见反馈流程	客户意见反馈达成率	销售部门
		客户满意度调研流程	客户满意度调研次数	销售部门

续表

内部经营过程

战略目标	绩效指标	驱动流程	流程绩效	可能涉及的部门
提高企业创新能力	新品上市周期	市场资讯收集流程	市场资讯及时率	营销中心
			市场资讯有效率	营销中心
		科技资讯收集流程	科技资讯及时率	研发部
			科技资讯有效率	研发部
		研发管理流程	研发周期	研发部
			研发样品一次交验合格率	研发部
			研发样品交验合格率	研发部

学习与成长

战略目标	绩效指标	驱动流程	流程绩效	可能涉及的部门
提高员工技能水平	培训体系评估	培训计划流程	培训计划制定的及时性和质量	人力资源部/各部门
			每个员工每年的平均培训时间	人力资源部/各部门
		培训实施流程	培训参加率	人力资源部/各部门
			培训满意度	人力资源部/各部门
		培训反馈与评估流程	培训满意度调查	人力资源部/各部门

在上述战略目标向绩效指标转换的基础上，我们可以根据平衡计分卡四个方面的绩效指标以及它们之间的因果关系，进一步绘制出差异化战略的绩效指标体系，如图4-2所示。

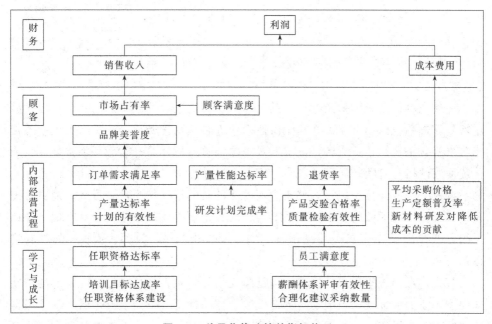

图4-2 差异化战略绩效指标体系

(二) 关键绩效指标的确定

在战略目标转换成绩效指标之后，就应该根据各部门的战略使命和相应的岗位要求，确定部门和员工的关键绩效指标。表 4-3 是在上述平衡计分卡战略目标分解和转换的基础上绘制的，以某企业销售部门为例，分析该销售部门 2025 年的战略使命和相应的关键绩效指标和驱动性指标。

表 4-3 某销售部门 2025 年的战略使命和关键绩效指标

衡量维度	战略目标	关键绩效指标	驱动性指标
财务	2025 年销售收入达到 1000 万元	销售收入	—
	2025 年成本费用总额占销售收入的 30%	成本费用总额	优秀供应商比率
			新材料对降低成本的贡献率
			生产定额普及率
顾客	2025 年使 90% 的客户达到满意	关键客户满意度	售后服务客户满意度
			客户投诉反应速度
	2025 年一级市场客户达到 10 家	一级市场客户数量	品牌美誉度
内部经营过程	2025 年能满足 97% 的订单需求	订单需求满足率	产量达标率
			营销、生产与采购计划有效性
	2025 年因质量发生的退货率低于 1%	退货率	产品一次交验合格率
			质量检验有效性
学习与成长	2025 年实现关键职位员工任职能力达标	任职资格达标率	任职资格管理体系建设
			培训目标达成率
	2025 年让 75% 的员工满意	员工满意度	员工的薪酬满意度
			员工合理化建议采纳数量

上述内容是制定绩效指标体系的具体方法和过程。绩效指标的制定是构建战略绩效管理系统的第一步。在这个阶段企业综合运用平衡记分卡法与关键绩效指标法来构建企业、企业内各部门以及员工的绩效指标体系。这些评估指标与企业传统使用的指标之间的区别体现在以下几个重要方面。

首先，平衡计分卡能够始终将企业整体的战略目标作为核心目标，能够在规划绩效指标的时候就将员工个人的努力方向和企业整体的战略目标紧密地结合在一起，能够让员工了解企业的战略目标，并将自己的工作行为融入企业战略目标。

其次，在传统管理中，许多企业已经使用了各式各样可操作的、有形的指标来评价企业的局部活动。但这些局部性的评估指标是自下而上产生的，并且来自特定的程序。平衡计分卡评估指标也是自下而上地分析企业的战略规划和战略目标而设计的。

最后,传统的财务指标只能报告上期发生的情况,不能说明下一期怎样改善绩效,而平衡计分卡则可充当企业当前和未来成功的基石。而且,与传统指标不同,从四个维度得出的信息,可以兼顾外部绩效指标(如营业收入)与内部绩效指标(如新产品开发)之间的均衡。

第四节 不同竞争战略的平衡计分卡地图

战略地图,指描述出企业战略情况的地图,通过把企业的战略绘制在一张图里,使原本零散的、看似无关的战略目标联系在一起,使员工一目了然,便于企业对战略的执行。使用战略地图可以有效解决战略目标在使用中存在的问题。平衡计分卡作为企业战略制定和实施的工具,按四个方面指标,将长期战略目标通过绩效指标体系层层向下分解到每个部门,可直至部门里的每个员工,使竞争战略转化成可操作和可衡量的具体目标。下文针对不同竞争战略在其设计指标和侧重点方面的不同,分别绘制不同竞争战略的平衡计分卡地图。

一、成本领先战略的平衡计分卡地图

实施成本领先战略,目标是使企业成为行业中总成本最低的厂家,形成成本领先优势。因此在设计平衡计分卡的四个方面时,主要从降低企业成本角度考虑,尽量减少各项管理费用、利用操作熟练的员工、生产标准化产品、开发和利用其他能降低成本的资源等。

学习与成长方面:从降低成本角度出发,强调员工的经验和操作熟练程度;将员工个人学习和组织学习很好地结合起来,获得学习效应,提高员工的劳动生产率;同时完善的企业信息系统也不可缺少,以利于信息交流,降低信息沟通成本。

内部经营过程方面:可发展规模经济、优化资源、设计标准化的生产流程、缩短生产周期、及时交货,并利用新技术降低成本。同时还要改变组织结构,精简机构,降低管理费用。

顾客方面:主要从提高顾客满意度和顾客保持率方面考虑,以增加市场份额。在权衡成本和收益的基础上,通过为顾客提供新产品、建立便利的销售渠道、及时交货、完善售后服务等来降低成本。

财务方面:战略目标主要是降低产品成本获得超额利润,增加收益。因此在提高产品市场占有份额的同时,还应减少其他方面的财务成本支出,如减少应收账款、降低融资成本、增加企业的现金流量、提高资本利用率。

构成成本领先战略的上述四个方面并不是孤立的,而是存在一定的因果关系(如图4-3、图4-4)。在学习与成长阶段,企业主要目标是提高员工的操作熟练程度,采取标准化操作,雇佣有经验的员工,利用学习效应以及建立完善的信息系统等来提高劳动生产率、降低成本。在内部经营过程方面,由于学习与成长阶段提高了劳动生产率,为生

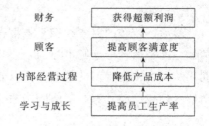

图 4-3 基于成本领先战略的平衡计分卡因果关系链

产标准化产品和缩短生产周期打好了基础,有利于降低产品的生产成本;同时,企业可以通过规模经济、优化资源及精简机构等来降低内部经营过程的生产成本。在顾客方面,内部经营过程的低成本决定了企业产品的价格优势,从而有利于提高顾客保持率和顾客满意度。在财务方面,顾客满意度和保持率的提高,再加上便利的销售渠道等其他措施,必然会提高产品市场占有份额,使企业通过降低产品总成本获得超额利润的目标得以实现。

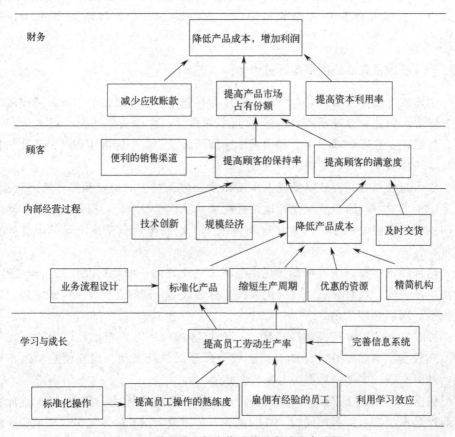

图 4-4 基于成本领先战略的平衡计分卡地图

二、差异化战略的平衡计分卡地图

实施差异化战略,基本目标是使企业生产具有特色的产品或提供独具特色的服务。因此在设计平衡计分卡时应强调产品的独特设计、先进的工艺、品牌效应、新颖的款式、优质的服务,以及其他能吸引顾客,但与竞争对手相比有鲜明个性的特征。

学习和成长方面:学习和成长能力是为顾客提供独特产品和服务的基础,所以应该重视员工的创新精神,挖掘员工潜力,培训员工掌握专有技术,提高员工知识层次,为差异化战略的实施打好基础,使企业能持续地成长和不断提供差异化产品和服务。

内部经营过程方面:为了满足顾客对产品差异化的要求,可以采取柔性化生产,根据顾客需求生产个性化的或在某方面独具特色的产品。为了防止特色被同行模仿,可以适当提高产品的转换壁垒,还可以采取纵向一体化方法,建立自己的销售系统,或通过与销售商订立排他性条约,提高产品市场占有份额。

顾客方面:通过为顾客提供新产品、建立便利的销售渠道、及时交货、完善售后服务等途径,来提高顾客满意度和顾客保持率,增加市场份额。例如,通过合适的广告宣传,让人们了解产品特色;为顾客提供特色服务、树立品牌形象、建立完善的售后服务网络等。当然,这些特色必须是顾客所需的,同时也不能忽视企业为此而付出的成本。

财务方面:通过为顾客提供独具特色的产品和服务,提高产品市场占有率和资本报酬率,获得超额利润;还可以采取其他措施来增加产品附加价值。

如同成本领先战略一样,差异化战略的四个方面也是密不可分的,存在因果关系链(如图 4-5、图 4-6)。在学习与成长阶段,主要目的是通过一系列措施,如对员工进行专业化培训,雇拥有专业技术的员工、提高员工创新能力以及建立完善的信息系统等,来提高员工的劳动生产率和创新能力,为生产差异化产品打好基础。在内部经营过程方面,利用学习与成长阶段获得的员工创新能

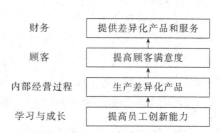

图 4-5 基于差异化战略的平衡计分卡因果关系链

力,可以生产出具有特色的、有较高转换壁垒或含有关键技术的差异化产品。在顾客方面,内部经营过程生产的差异化产品,加上合适的广告,便利的销售渠道,完善的售后服务等措施,有利于企业提高顾客满意度和保持率。在财务方面,顾客满意度和保持率的提高,会提高产品市场占有份额,从而使企业通过生产差异化产品或提供独具特色的服务来获得超额利润的目标得以实现。

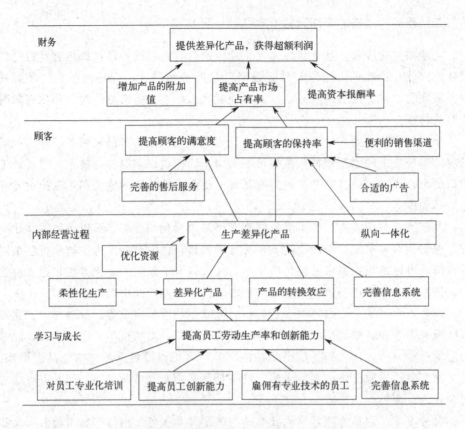

图 4-6 基于差异化战略的平衡计分卡地图

上文以迈克尔·波特提出的两种基本竞争战略为例，从平衡计分卡的四个组成部分入手，分析不同竞争战略的四个方面之间的因果关系，在此基础上借助平衡计分卡地图，协助企业清晰界定所要创造的战略目标，以及促成该目标的绩效驱动因素，并把这些因素串成具有逻辑性的因果关系链，再完整地呈现出来，绘制两种不同竞争战略的平衡计分卡地图。

三、不同竞争战略的平衡计分卡系统应用

基于成本领先战略的平衡计分卡系统和基于差异化战略的平衡计分卡系统并不是完全孤立的。针对这两种不同竞争战略，企业在制定和实施平衡计分卡时，应根据不同部门、产品生命周期的不同阶段以及企业不同时期的目标对它们进行整合。

企业的部门不同对员工的能力、生产的成本、产品的差异等方面的要求各不相同。例如：对于生产部门而言企业考虑得更多的是成本因素，可以设计基于成

本领先战略的平衡计分卡系统；而对于营销部门企业应考虑如何采取有特色的促销措施来吸引顾客购买产品，可以设计基于差异化战略的平衡计分卡系统；对于研发部门员工的创新能力就显得尤为重要，企业可以设计基于差异化战略的平衡计分卡系统。

任何一种产品都存在一个导入、成长、成熟、衰退的生命周期。处在不同生命周期阶段的产品，它们对创新、成本、销售的要求各不相同。因此企业在制定竞争战略的时候，应根据生命周期的不同阶段，及时调整自己的竞争战略。在导入期，产品鲜为人知，顾客稀少，产品的销售额很小，市场渗透率很低。因此这一时期创新是企业进入市场和取得未来成功的基础。企业应该重视产品的设计创新，为企业和产品树立一个好的形象，可以采取基于差异化战略的平衡计分卡系统。进入成长期，随着技术的稳定，产品越来越标准化，产品的市场渗透率迅速提高。但这一阶段，产品的研究与开发投入大、工厂建设和设备更新支出大、销售费用增加快。如何在总成本支出合理的基础上，扩大规模、创立品牌和建立良好的销售渠道就成了企业最主要的挑战。因此这一阶段，企业可以采取基于差异化战略的平衡计分卡系统，当然同时也不能忽视成本因素。到了成熟期，技术和市场逐渐达到饱和，产品差异化越来越小，而且与成长期相比，研究与开发投入、渠道成本和营销开支都比较少。因此这一时期，企业应采取基于成本领先战略的平衡计分卡系统，通过降低成本获得竞争优势。衰退期的来临提高了恶意价格竞争的可能性，企业产品逐渐被新的、更先进的替代品所代替。因此，企业设计平衡计分卡系统时应根据长期战略目标的不同作相应的调整，以保证产业生产能力有序退出或根据残余的市场需求进行相应的市场定位。

另外，不同时期企业的目标不同，制定和实施的平衡计分卡系统也应该不同。对于短期目标而言，企业注重的是如何在较短的时间内取得最大的经济效益，一般是在现有的生产规模和生产技术的基础上，实现短期内利润大幅度增加。因此企业考虑得较多的是通过降低成本来获得竞争优势，可以采用基于成本领先战略的平衡计分卡系统。而对于长期目标，企业注重的是如何取得长期的、持续的竞争优势，这就要求企业提供的产品和服务对顾客具有持久的吸引力。因此在设计平衡计分卡系统时，企业应注重产品的新颖性和特色，可以采取基于差异化战略的平衡计分卡系统。

总之，针对两种基本的竞争战略，从平衡计分卡系统的四个组成部分入手，利用平衡计分卡系统制定和实施不同的竞争战略时，由于企业希望获得的竞争优势不同，应该区别对待，分别设计不同的平衡计分卡系统。在此基础上，在制定平衡计分卡系统时应充分考虑企业的竞争战略，使设计出的平衡计分卡系统在不同部门、不同生命周期以及不同的企业目标下都能合理运用。

第五节　基于平衡计分卡的战略绩效管理系统实施

绩效管理是一项系统工程，它将员工的绩效跟组织的绩效结合在一起，通过沟通，将企业的战略目标、员工的绩效目标传递给每个员工，帮助员工解决在工作中遇到的问题，并对绩效结果进行合理运用，最终实现企业的战略目标。它将一系列相关步骤有机地结合，而且这些步骤是密切相关的，共同为实现战略目标服务。绩效管理是一个连续的过程，而不是企业在一年内只进行的一两次活动。所以，我们必须以系统的观点来看待绩效管理，任何断章取义的观点都是不正确的和不全面的。一个周期的绩效管理循环通常分为四个步骤：绩效计划、绩效实施与监控、绩效评估、绩效反馈与面谈（如图 4-7）。

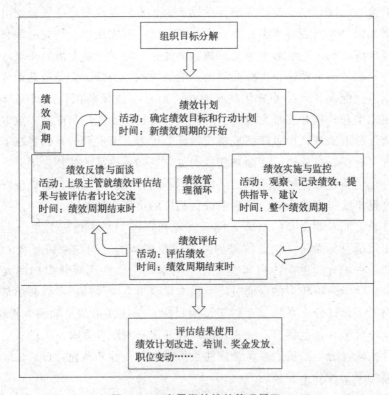

图 4-7　一个周期的绩效管理循环

一、绩效管理过程

（一）绩效计划

绩效计划是绩效管理的起点，也是绩效管理系统中最重要的环节。它的任务是根据企业的战略目标,来确定绩效目标。企业首先把战略目标进行分解,落实到各个具体的岗位,然后对各个具体的岗位进行工作分析,确定员工的绩效目标。绩效计划是管理者和员工通过沟通,对工作目标和绩效标准达成一致意见、形成双方共同签字认可的绩效目标的过程。管理者通过与员工充分沟通,让员工清楚自己在工作中的内容和绩效目标,这些都要形成一种契约。制定的绩效目标不仅基于员工的岗位说明书,而且要服务于企业战略,好的绩效目标还应该对员工具有一定的挑战性和激励作用。通常一个有效的绩效目标必须具备以下几个条件:服务于公司的战略规划和远景目标;基于员工的职务说明书;目标具有一定的挑战性,具有激励作用。

(二) 绩效实施与监控

绩效计划制定之后,员工要开始实施绩效计划,按照计划开展工作。绩效实施与监控是绩效计划之后绩效管理中的又一环节。绩效实施是指包括从绩效计划形成起到绩效目标实现为止的全部绩效活动过程。在绩效计划执行过程中,管理者要对员工的工作进行指导和监督,全程追踪绩效计划进展情况,及时排除绩效实施过程中可能遇到的障碍,同时要随着工作的进展和环境的变化对绩效计划进行必要的修订。在这个过程中,绩效沟通也是不可缺少的一个重要行为,同时还要注意绩效信息的收集,为后期的绩效评估提供依据,同时保证绩效管理的有效性。在整个绩效工作期,管理人员要对被评估者的工作担负起监督和指导的重任,及时解决问题,并视具体情况对绩效计划进行调整,以利于绩效管理的顺利进行。

绩效监控是指在绩效实施过程中,管理者要对员工的工作进行指导和监督,全程追踪绩效计划进展情况,及时排除绩效实施过程中可能遇到的障碍,同时要随着工作进展和环境的变化对绩效计划进行必要的修订。在此阶段,管理者与被评估者进行持续的沟通,以了解员工工作的进展状况,将一些潜在问题消除在萌芽状态,做好前瞻性地预判和适时地避错,推进计划实施,帮助员工更好地完成工作,实现绩效目标。

在战略绩效管理中,绩效实施与监控这两个方面都应该始终以企业战略为导向。绩效实施过程中执行的计划是综合运用平衡计分卡和关键绩效指标方法对企业战略进行分解得来的绩效目标,因此绩效实施的过程也就是企业战略目标得以实现的过程。与普通的绩效管理不同,在战略绩效管理系统中,绩效监控不仅要关注绩效目标是否按照预定的计划得到执行,更重要的是要监督部门的活动和员工的行为是否始终以战略为导向,绩效目标的实现是否能够促进企业战略的实施。如果在绩效计划执行过程中,发现绩效计划偏离企业战略时,管理者应及时在战略的指导下修订绩效计划。因此,战略绩效管理监控过程,不仅是对绩效计划执行过程的监控,更是对企业战略目标实施过程的监控。

在战略绩效管理中，绩效实施与监控处于中间环节，也是绩效管理循环中耗时最长、最关键的一个环节，是体现管理者和员工共同完成绩效目标、实现企业战略的环节，这个过程的好坏直接影响着战略目标的成败。同其他的绩效管理循环一样，收集绩效信息、做好绩效档案是这个过程中的一项重要活动。其目的是为绩效评估提供事实依据，保证绩效评估的公平性、公正性，为改进绩效提供基础分析材料，同时也为企业战略的实施情况提供第一手资料，是企业制定下一步具体战略措施的基础。

在战略绩效管理中，绩效信息收集的重点应以绩效为核心，但同时也不能忽视企业的战略，这是与传统的绩效管理中信息收集不同的地方。管理者应当收集能够反映员工绩效优秀或绩效较差的事实依据，而且这些事实或数据必须与目标和计划密切相关，能够帮助管理者和下属共同找到问题或分析问题产生的原因；同时还要及时记录与企业战略相关的、能够反映企业战略执行情况的数据。利用这些收集到的信息，管理者就可以分析绩效信息与企业战略的关系，及时纠正与企业战略相脱节的行为，修订与企业战略相偏离的绩效目标，同时也为企业制定下一阶段的战略目标和策略提供最直接依据。在数据收集和记录过程中，管理者除了平时注意跟踪员工计划进展外，还应当注意让相关人员提供相关数据，必要的时候还可以扩大到与相关部门和与被考核员工有联系的其他部门的管理者和员工，请他们提供数据信息。

但是，数据收集和记录绝不是给员工记"黑账"，更不是为了"秋后算账"。管理者在对员工出现的失误或绩效较差的事实进行记录的同时，应当及时向员工指出，并且帮助员工及时纠正。在考核期较长时（比如季度考核），还应该设计专用的表格记录月度的数据，而且应就月度记录与员工进行绩效沟通，这样才能实时监控绩效的执行是否真正以战略为导向。

常用的信息收集方法有：观察法、工作记录法和他人反馈法三种。主管一般围绕员工的关键绩效指标，通过上述三种方法收集下属的关键事件。在记录过程中，必须保持客观性和准确性，避免个人的主观臆断和推测，格式见表4-4。

表4-4 关键事件记录参考格式

员工姓名：	工作岗位：	工作部门：	
记录日期	关键事件	战略导向	备注
事件发生日期	事件描述	与战略的关系	涉及的关键绩效指标、对战略实施的影响

由此可见，绩效实施与监控是战略绩效管理的一个控制性环节，它直接关系

着绩效计划是否能够落实、企业战略能否得到执行。

(三) 绩效评估

绩效评估是绩效管理的必经阶段,是管理者依据在绩效计划期间制定的目标和标准,通过系统的方法和原理来测量、评定绩效目标完成情况的过程。绩效评估是绩效管理的一个重要环节,也是一个绩效总结提高的过程。因为在这个过程中,通过对绩效进行诊断和评估,就可以尽早发现工作过程中的偏差或失误,及时采取措施补救;同时对工作结果进行评价和反馈,有利于改进工作。绩效管理的目的不是考核,但考核的目的是使绩效更加优秀。通过考核发现问题,并改进问题,使绩效考核成为管理者和员工共同学习的机会。通过绩效评估,管理者能在平时的管理过程中将员工的绩效问题及时地反馈给员工,让员工对自己有一个清醒的认识,对管理者的期望有一个明确的答案。绩效考评是对员工绩效目标实现程度的评估,大多在年底进行。绩效考评的依据是绩效计划确定的绩效目标。绩效考评包括结果考评和行为考评两个方面。考核的最终目的还是通过沟通,促进员工的绩效提高,进而提升企业绩效。

在战略绩效评估过程中,绩效评估的目的一方面要对员工绩效目标的执行做出公正合理的评价,另一方面要评估员工的行为对企业战略的影响。对于有利于企业战略实施的行为,应根据评估结果给予相应的奖赏;但对那些有利于员工的个人绩效却不利于企业战略的行为,应以企业战略为重,综合权衡加以纠正。

另外,在绩效评估过程中,管理者一定坚持诚实正直的品格,对员工的绩效进行公正的评价。采取的评估方法一定要公开、全面、公正,避免暗箱操作。同时对于收集到的绩效信息、绩效评估表格等,应该采取科学的方法进行处理,得出正确的绩效评估结果。

1. 绩效评估方法

在绩效评估过程中,首要的一步就是绩效信息的收集。除了在绩效实施与监控过程中收集,管理者还要采取一定的手段收集绩效数据。这些数据一定要准确、全面、能反映员工的绩效。在战略绩效管理中,绩效数据除了要满足上述要求外,管理者还应该注意收集与企业战略相关的员工绩效数据。只有有了这样的数据,管理者才有可能对员工的绩效做出正确的评价,同时评估员工的行为对企业战略的影响和员工在企业战略实施中的作用。

常见的评价方式包括:量表测评法、工作标准法、每日评价记录法、关键事件记录评价法、目标管理法、360度评估法、强制比例分布法、配对比较法等。

在战略绩效管理系统中,由于企业的战略涉及很多方面,要求收集到的绩效数据具有全面性、公正性。因此,建议采取全方位的360度绩效评估方法,也称为全方位反馈评价或多源反馈评价。它的基本思想是:由与绩效评估对象有密切关系的人，包括他的上级、同事、下属和客户等，分别匿名对其进行评价，评估对象也要进行自我评价。这种方法有利于克服单一评价方法的局限，具有一定的优点。

全方位多角度：单纯从任何一个方面对员工行为做出的判断难免是片面的。360度绩效评估的评估者由于来自企业内外的不同层面，评估的角度多，绩效评估的结果更全面、更客观。

分类考核：针对不同的被评估者——公司领导、职能部门总经理、业务部门总经理、营业部总经理分别使用不同的考核量表，针对性强。

实行匿名考核：为了保证评价结果的可靠性，减少评估者的顾虑，360度绩效评估采用匿名方式，使评估者能够客观地进行评价打分。

另外，通过开放式表格，对被评估者来说，可以搜集到很多比较中肯的评价意见，有利于提高绩效。

在战略绩效管理中，为了提高评估结果的准确性和公正性，在进行360度绩效评估之前，应对评估者进行选择、指导和培训。360度绩效评估一般是让被评估者的上级、同事、下属和客户对被评估者进行评价，但是并不是所有的上级、同事、下属和客户都适合做评估者，一定要选那些与被评估者在工作上接触多、没有偏见的人充当评估者。即使是这样，也不一定要求所有的评估者对被评估者的所有方面进行评价。比如，对于被评估者的行为对企业战略的影响，应该由他的上级主管进行评价；对于被评估者的客户服务意识，可以由客户来评价；对于被评估者的人际关系，由同事来评价更合适。在评估之前，还要对评估者进行指导和培训，让评估者对被评估者的职位角色有所了解，让评估者知道如何来做出正确的评估，尤其重要的是要让评估者知道被评估

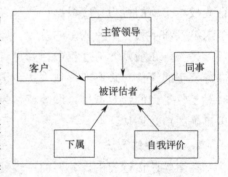

图 4-8　360度绩效评估示意图

者在企业战略中所处的地位，不能为了评估而评估，而应该站在企业战略的角度做出客观的评价。图 4-8 是 360 度绩效评估示意图。

2. 绩效指标权重的设置

在绩效指标体系中，不同的指标其相互之间的重要程度不同，对绩效管理的作用也不同。因此，指标权重的确定是绩效评估的一个重要步骤，指标权重的准确性直接影响着评估结果的客观公正性。

常用的设计绩效指标权重的方法有：排序加权法、对偶加权法、倍数加权法、采取经验判断法、专家评议法以及层次分析法。这些方法在设计绩效指标权

重方面各有利弊，适用于不同的绩效管理系统的需要。但在多维多层次的绩效指标体系中，一般采用的方法是层次分析法。层次分析法的基本思路是：决策人通过将复杂问题分解为若干层次，每一层次又由若干要素组成，然后以上一层次的要素为准则对同一层次各要素进行两两比较、判断和计算，以获得各要素的权重，从而为选择最优方案提供决策依据。

在战略绩效管理系统中，绩效指标体系也是多层次的、多维的，不同绩效指标之间是相关联的，因此可以采用层次分析法的思想来设置这些指标权重，对于每个指标下的分指标，可以采用两两比较法进行权重的设定。

步骤一：建立层次结构模型

根据层次分析法，我们首先建立层次结构模型（如图 4-9）。该层次结构模型有目标层 O、准则层 C。企业进行绩效评价的标准组合，包括财务方面、顾客方面、内部经营过程、学习与成长等四个方面。

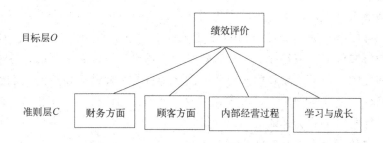

图 4-9　设置绩效指标权重的层次结构模型

步骤二：确定标准层 C 对目标层 O 的相对权重

针对绩效评价的目标，企业成立一个由高层管理人员、相关专家等人组成的绩效评估小组，根据以往的经验和评估对象的特点，对所有的指标两两比较相对重要度 a_{ij}（表示指标 i 对指标 j 的相对重要度）。记 $A=(a_{ij})_{k \times k}$ 为标准 C_1、C_2、$\cdots$、C_k 相对于目标层 O 的判断矩阵。

$$A = \begin{bmatrix} a_{11} & a_{12} & \cdots & a_{1k} \\ a_{21} & a_{22} & \cdots & a_{2k} \\ \cdots & \cdots & \cdots & \cdots \\ a_{k1} & a_{k2} & \cdots & a_{kk} \end{bmatrix}$$

① 按照群体判断矩阵的最优综合矩阵的求法，获得最优综合判断矩阵 C。

② 判断矩阵中每一行元素的积 $M_i = \prod_{j=1}^{k} a_{ij}$，并计算 M_i 的 K 次方根记作 w_i 并进行归一化处理。

③ 按照 $\lambda_{max} = \dfrac{w}{\sum\limits_{i=1}^{k} w}$ 求出最大特征值。

④ 采用一致性指标 $C \cdot I$ 对判断矩阵 A 的一致性进行检验。

$$C \cdot I = \frac{\lambda_{max} - k}{k - 1}$$

一般只要 $C \cdot I \leqslant 0.10$，我们就认为判断矩阵 A 是满意的，否则需要进行判断矩阵的一致性调整。计算调整后的综合判断矩阵的一致性指标，如果满足要求，那么所获得的 w_i 即为标准层 C 对目标层 O 的相对权重。

接下来，比较每个分指标与准则层相应指标之间的重要性程度 C_i，按照重要性程度分配相应分指标的权重，这时得到的权重即为各关键绩效指标的相对权重。

3. 绩效评估的主观性与公正性问题

（1）评价指标的选择与权重设定

在绩效管理中，选择适当的评价指标并设定合理的权重是个挑战。不同的岗位和组织可能有不同的关注重点和业务需求，导致评价指标的选择多样化。例如，在销售岗位中，销售额、客户满意度和市场份额可能是重要的评价指标。而在研发岗位中，技术创新和团队合作可能更加重要。此外，权重的设定也需要考虑各个指标的重要性。然而，不同人对同一个职务的评价可能存在主观差异，导致评价指标和权重的选择缺乏一致性。

（2）绩效评价的主观偏好与认知偏差

绩效评价常受到主观偏好和认知偏差的影响。评估者对被评估者的个人喜好、偏见和先入为主的看法可能会影响评价结果。例如，某位评估者可能对团队合作非常重视，而忽视了个人的贡献，导致对员工的评价偏低。此外，评估者的认知偏差也可能影响评价结果，如记忆偏差、确认偏差等。这些主观偏好和认知偏差将对绩效评价的公正性产生负面影响，使得评价结果可能不准确或不客观。

（3）绩效评价的公平与公正问题

绩效评价的公平与公正问题是普遍存在的。评价的过程和标准应当对所有员工公开透明，避免任何形式的歧视和偏见。然而，实际操作中存在着许多挑战。例如，评估者的个人喜好和偏见可能导致对某些员工进行不公正的评价。此外，评价标准的设定需要尽量客观和可量化，以减少主观因素的影响。另外，考虑到员工的个体差异和背景差异，可能存在着虚假一致效应，即将员工归为某个常见类别，而忽视个体的独特性。

（四）绩效反馈与面谈

绩效反馈与面谈是绩效管理系统 PDCA 循环的最后一个环节，也是一个重要的环节。在一些企业中，绩效反馈与面谈经常被忽视，人们往往以为填写完评估表格、得出评估分数就算是结束了。其实，仅仅做完评估还不够，并不能达到让被评估者改进绩效的目的。绩效考评完成之后，管理者应把绩效考评的结果及时反馈给员工，让其了解自己的绩效状况，并将管理者的期望传递给被评估者，这些都需要通过绩效反馈进行沟通。反馈最好采取面谈的方式，这样可以确保反馈的质量。通过绩效反馈面谈，员工可以了解到自己存在的问题，明确改进的方向，也可以向管理者说明自己在完成绩效目标过程中遇到的困难，从而可以得到管理人员的帮助和支持，这是重要的绩效沟通行为。没有绩效反馈面谈的绩效管理相当于半途而废，绩效管理也就失去了它的真正价值。绩效反馈面谈的目的是让员工了解管理者对自己的期望，同时也让员工自我评价，了解自己的绩效，认识到自己有待改进的地方，并且也可以就自己在完成绩效目标中遇到的问题，请求管理者指导。良好的绩效反馈面谈绝不是简单的分数通告，而是帮员工提高工作绩效的手段。

在战略绩效管理系统中，绩效沟通贯穿整个过程，不同阶段其沟通的重点也有所不同。沟通的主要目的有两个：一个是员工汇报工作进展或就工作中遇到的障碍向管理者求助，寻求帮助和解决办法；另一个是管理者对员工的工作与目标计划之间出现的偏差及时进行纠正。

在战略绩效反馈与面谈过程中，绩效沟通应该以企业战略为导向，围绕着企业战略和绩效评估结果进行。在沟通过程中，管理者不仅要引导员工正确对待绩效评估结果，帮助员工分析绩优或绩差的原因，制定相应的进一步改善绩效的措施；同时还要同员工一起分析该绩效评估结果在企业战略中所处的位置、对企业战略实施的影响等。

为了达到好的绩效管理效果，沟通应该是持续的、动态的；应具有针对性，具体事情具体对待，不能泛泛而谈；沟通的结果应该是具有建设性的，给员工未来绩效的改善和提高提供建设性的建议，帮助员工提高绩效水平，有利于企业实现战略目标。

绩效沟通的形式可以是正式的或非正式的，正式沟通形式有：书面报告、会议和正式会谈三种方式。非正式沟通方式多种多样，常见的有：走动式管理、开放式办公及非正式会议等。为提高沟通的有效性，沟通的结果可以以书面报告的形式记载（见表 4-5）。

表 4-5　书面报告参考格式

报告内容 （可预先列出）	现状 （针对衡量标准）	困难与问题 （要求条目清晰）	解决建议 （要求条目清晰）	需要的支持 （要求条目清晰）	备注 （需特别说明）

任何形式的有效绩效沟通都必须经过认真计划。绩效沟通绝不是为了沟通而沟通，沟通必须要有明确的目的性，并且应该以制度的形式固化下来。绩效面谈就是绩效评估结束后的一种重要的沟通方式。下表就是一种常见的绩效面谈记录表（见表4-6）。

表 4-6 员工绩效面谈记录表

部门：	面谈双方：	面谈具体时间：	年 月 日 时至 时

1. 对员工在本评估期内所完成工作的全面回顾及客观评价（含工作内容、进展与成效、不足与改进意见、工作成果评价、未完成的工作内容及原因分析等）

2. 员工在下一个评估期的工作目标、工作计划/工作安排、工作内容或上级期望（本部分可由员工先考虑，面谈中再由双方进行修改确认）

3. 为更好地完成本职工作或团队目标，员工在下一阶段需要提高的绩效，直接主管的期望、建议、措施等

4. 员工对部门（公司）工作的意见、建议，工作、生活、学习中的烦恼和困难，希望得到的帮助或支持

5. 员工的绩效在企业战略中的地位，员工的工作对企业战略的影响

员工签字（我同意面谈内容）：＿＿＿＿＿＿ 直接主管签字（我同意面谈内容）：＿＿＿＿＿＿

二、绩效管理结果的应用

多年以来，实施绩效评估的人们认识到，绩效评估实施成功与否，很关键的一点在于绩效评估的结果如何应用。很多绩效评估的实施未能成功，其主要原因是没有处理好绩效评估结果应用中的问题。绩效考评完成之后，对绩效考评的结果必须进行合理运用，这样才算完成了一个周期的绩效管理，使绩效管理的功能最大化。若实际中未应用绩效考评结果，绩效考评也就失去了意义。只有运用，才能将"合理的反馈"转变成现实效益，作用于企业。

传统上，人们进行绩效评估最主要的目的是帮助管理者做出一些薪酬方面的决策，例如奖金的分配和职务的晋升等。现在看来，很显然这种做法是片面的。

因为对于一个企业、一个组织来说，它需要保留住那些能够取得好绩效的员工，并且不断地促使他们创造更好的绩效。薪酬的因素对于员工来说仅仅是一种保健因素，也就是说如果薪酬达不到员工的预期，员工会产生不满意，而达到了预期值也不会让员工感到特别满意；只有超出了相应的预期才会产生经济刺激作用。员工所看重的还有很多激励因素，例如培训和自我提高的机会。绩效评估也是为了改进和提高员工的绩效。因此绩效评估的结果有多种用途，例如用于薪酬的分配和调整、奖金的分配、职位的升迁、岗位的轮换，用于改进员工培训计划，作为员工选拔和晋升、人力资源规划整合、未来人才招聘的依据等。

战略绩效管理对绩效评估结果的应用，应该根据企业战略做出相应的决定，制定的激励政策不仅能提高员工的积极性，而且还应该有利于企业下一阶段的战略实施。具体应该如何使用绩效评估结果，每个企业应该根据发展战略和本企业的相关条件做出相应的规定，其目的是通过员工绩效的提高来实现企业的整体战略绩效，增强企业的核心竞争力。

上述五个环节组成了一个严密的战略绩效管理循环系统，而成功的绩效管理系统还包括企业战略分解、企业人力资源管理的其他制度等多方面的内容，各部门间要相互配合和有效合作。所以，企业在实行绩效管理过程中，一定要实现合力与活力的统一，要整合绩效管理资源，并且在企业内达成共识。

第五章
基于平衡计分卡的战略绩效管理系统设计及实施保障

第一节 基于平衡计分卡的企业战略绩效管理系统设计——以 Z 公司为例

一、Z 公司绩效管理现状

(一) 公司概况

安徽 Z 有限公司于 2018 年 5 月在安徽省合肥市注册成立，注册资本 1 亿元人民币，是一家综合型有限公司，拥有各类建筑机械租赁业务和商品贸易业务。经营范围包括起重机械设备安装、租赁及技术服务，建筑脚手架工程，钢管、扣件租赁及销售等业务，商品批发、零售业务。公司拥有各类大型建筑机械，同时具备工程施工综合能力，具备房屋建筑工程施工、公路路面路基、市政公用工程等总承包一级资质，拥有商品批发、零售连锁经营经验。经营业务的营业网点覆盖安徽省、上海市、浙江省、江苏省、广东省、北京市、天津市、陕西省、山西省、湖北省、辽宁省等区域。近年来，公司在巩固传统业务优势的基础上，加快产业结构和经营结构调整，积极探索新的经营业态，强化资本运作，大力发展百货连锁、农贸连锁等新型业务。

鉴于目前房地产行业的大环境，公司未来会收缩建筑业务和建筑机械租赁业务，向百货商业转型。现有的商品贸易以商品批发业务为主，该业务模块的爆发性相对不高，投入高而回报率低，但 Z 公司的此类业务基础雄厚，宜稳中求升，未来走向应以调整商品组合及强化服务为主方向。商品贸易业务模块在很长时间内将为公司贡献较多的现金流。公司将积极开展百货连锁和农贸连锁业务。开拓新渠道，做兼顾国内外市场的综合批发商、零售商、农贸商品连锁经营销售商。

（二）公司组织结构和人力资源现状

公司的组织结构是企业组织内部各个有机构成要素相互作用的方式或形式。良好的组织结构可以有效合理地使企业内部的组织成员协同工作，共同为了实现某一目标而进行努力。组织结构是任何一家企业提高绩效最基本、最核心的决定性因素，是企业发展壮大过程中绕不开的话题。所以任何一家企业的战略转型，都需要从组织结构入手。Z公司的组织结构为事业部制，这是一种在直线职能制的基础上演变而来的现代企业组织结构。它会根据产品、地区、顾客等层面，以"集中决策、分散经营"为原则，将公司分为总部和事业部两个部分。各个部分内部根据运营需求建立了相关的职能部门。各事业部对各自所属的业务进行独立管理，例外工作由事业部向管理层汇报，财务体系整体工作直接向财务总部汇报。Z公司的组织结构如图5-1所示。

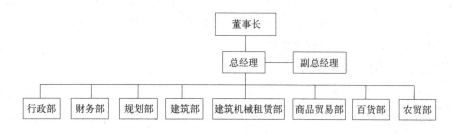

图 5-1　Z公司组织结构图

公司的这种组织结构有利于各项业务由事业部分散经营管理，下放权力，使得每个部门具有较强的独立性，可以充分调动员工的工作积极性，激发员工的创造力。这种高度分工、责任清晰的运作环境有利于部门经理提高责任意识。这些是公司的战略规划执行、战略目标分解、绩效目标达成以及公司持续发展的基础。

目前Z公司的组织结构属于扁平化类型。公司设有董事4名，总经理2名，副总经理3名，事业部长8名，员工若干。总经理下设8个职能部门：行政部、财务部、规划部、建筑部、建筑机械租赁部、商品贸易部、百货部、农贸部。

公司员工总人数856人，其中拥有硕士或博士研究生学历的员工占比为5.6%，本科学历占比21%，2023年两者占比都有所提升，专科学历和其他学历占比有所下降。员工学历层次提升、知识结构的改变，有利于公司战略目标的达成。公司将大量的人力资源集中在各事业部，对于行政管理方面投入较少，以期为公司的发展提供持续的核心竞争力。

（三）公司战略

Z 公司作为一家大型综合型企业，面对目前的建筑行业背景，在现阶段以及以后的一段时间里，Z 公司的总体战略发展目标为：将长期以百货连锁和农贸连锁为重点发展方向，实现百货连锁、农贸连锁等新兴业务，结合传统的建筑开发、建筑机械租赁和商品贸易业务多元化快速发展，于 2029 年以前成为具有竞争力和影响力的知名企业。

Z 公司将在提高管理能力基础上，发展新业务，确保 2026 年销售收入达到 70 多亿元，税前利润 5 亿元左右；2029 年销售收入达到 150 亿元，税前利润 10 亿元。

考虑到公司拥有很多建筑机械这种特殊资源和商品贸易业务比较成熟的事实，Z 公司将房地产业务和建筑机械租赁、商品贸易作为未来利润的主要贡献者，在不影响其他业务发展的前提下，在开展现有建筑机械租赁、拓展现有商品贸易的基础上，将这些成熟业务的发展与百货连锁、农贸连锁两个新业务的发展相结合，提升其在公司的战略地位。

（四）公司绩效管理现状

1. 概况

绩效考核的目的：客观、公正地评价员工的工作绩效，肯定和体现员工的价值；保障组织有效运行；通过考核促进上下级沟通和各部门间的相互协作；通过客观评价员工的工作绩效、态度和能力，帮助员工提升自身工作水平，从而有效提升 Z 公司的整体绩效。

绩效考核结果的应用：薪酬分配，合理调整和配置员工，职务升降，教育培训、员工自我发展、员工职业生涯规划。

绩效考核原则：以绩效为导向原则，定性与定量考核相结合原则，公平、公正、公开、多角度考核原则。

考核结果反馈：管理者将最终考核结果反馈给被考核人，双方就考核结果面谈。管理者明确指出被考核人的成绩、优点及需要改进的地方，听取被考核人的意见并详细记录。

2. Z 公司绩效考核的内容和指标体系

Z 公司对各事业部的考核，包括各事业部任务绩效维度、各部门之间的相互协作维度。对于个人考核，包括任务绩效维度、工作态度维度、工作能力维度。每一个考核维度由相应评价指标构成，对不同的考核对象、不同考核时间采用不同的考核维度组合和指标体系。

3. Z 公司绩效考核方案

Z 公司绩效考核方案，如表 5-1 所示。

表 5-1　Z 公司绩效考核方案

考核人员	公司在职员工
考核周期	月度考核
考核形式	1. 绩效考核金额约为总工资额的 40%(绩效工资＋生活补贴) 2. 采取分值扣减、加分形式,总分累计后按照相应百分比进行核算 3. 基础分值 100 分,累计计算 4. 考核总分在 95 分(含)及以上,为工作优秀者,当月绩效工资全额发放;95 分以下,60 分以上按照比例进行相应绩效工资扣减
考核指标	1. 出勤(10 分):迟到、早退一次扣 1 分,外出办事登记表与打卡记录不符的一次扣 1 分,三次(含)以上未打卡扣 1 分 2. 工作技能(20 分):部门人员专业知识和技能不熟练,未按时完成工作进度一次扣 3 分;重复工作拖延进度的一次扣 4 分 3. 工作态度(30 分):工作推诿、懒散,责任心差、不能及时处理相关事宜的一次扣 5 分;公司多次提出整改建议,效果仍不佳的一次扣 10 分;通报批评一次扣 20 分;因自身原因未按时完成公司交派任务给公司造成重大损失的一次扣 25 分 4. 有效投诉(40 分):当月累计接到项目部或相关部门有效投诉一次扣 10 分,两次扣 25 分,若超出三次(含)取消当月绩效工资 5. 加分:总分 10 分。当月工作业绩突出,经公司领导批准认可加 1～5 分(如:招投标中标、获奖等) 6. 其他部门同一员工连续或累计三次扣分分值在 20 分以上的,公司将给予劝退或调岗

4. 对 Z 公司绩效管理体系的剖析

Z 公司在绩效管理制度的设计和执行过程中,存在以下一些问题。

绩效评价指标单一,权重也没有足够的依据,不能反映各部门全面发展的要求,也不能与公司战略有紧密的联系。

缺乏系统性,没有考虑公司的发展历程、所处行业、经营环境等因素,使得在绩效目标上有所差异,导致绩效评价作用降低。例如,作为公司的考核小组,它倾向于"提高部门年收益率"等反映当期收益的指标,但是如果部门确定当年的经营目标是"通过市场拓展、产品线延伸等手段扩大市场占有率",那么公司的这种财务控制指标就和经营发展目标产生矛盾。指标间缺乏内在的逻辑推演关系,使得绩效评价不能完整地反映部门公司的经营状况。

只考虑内部指标的考核,很少关注外部指标的考核。公司外部的因素使企业必须做出适应性的调整,所以在设计控制点和控制指标时,不仅要考虑衡量公司内部指标的考核,还要考虑到外部指标的考核。

绩效考核制度在实际工作中没能得以持续和有力的执行,各部门纷纷调整计划目标,绩效评估结果在执行中没能很好地与薪酬、培训和晋升等系统联系在一起,基本上处于"为评估而评估"的状态,最终造成绩效评估工作名存实亡,流于形式。

由于这些问题的存在,Z 公司的绩效管理工作没能从真正意义上发挥有效的激励作用，不能为下属经营单位指引方向，不能实现公司的战略目标。为此，Z公司应当建立战略绩效管理系统，将公司总体绩效与部门绩效和个人绩效紧密联系，让他们清楚地了解到，只有公司总体绩效获得提升，部门绩效、员工个人的绩效才能得到充分肯定；帮助他们树立依托组织获得发展的观念，促使他们所在的部门和公司结成利益共同体，以实现组织战略目标与员工个人的发展。

二、Z公司战略绩效管理系统的构建

战略绩效管理系统是一个完整的系统，其各个环节环环相扣，相辅相成，缺一不可。它的运行过程包括：明确公司战略；确定绩效评估对象；根据不同评估对象进行指标体系的设计；选择不同的内、外部指标标准；通过绩效反馈来制定改进方案，甚至调整企业的战略选择等。在这个过程中，绩效实施与监控、持续有效的绩效沟通和绩效反馈始终贯穿其中。

（一）绩效目标设计的程序

绩效目标计划设定，要分解和平衡战略目标，需遵循 SMART 原则选择和设计绩效指标，按照绩效目标设计的程序来制定绩效目标计划。根据战略绩效管理系统绩效目标设定的程序，分析 Z 公司绩效目标计划的设计过程（如图 5-2）。

第一步：根据 Z 公司 2024~2029 年的战略目标，平衡分解形成 Z 公司每年的年度经营目标和战略业务措施。

第二步：明确各部门的工作使命。根据 Z 公司的组织结构设计，明确各部门工作使命。对公司的战略和年度经营目标进行分解，确定各部门的年度经营计划。

第三步：进行岗位分析。明确各部门每个职位的目的和使命，规定该职位的各项职责与任务，明确各职位之间、各职位与部门之间的关系，以及各职位在部门中的地位和作用。

第四步：做出工作职责描述。在岗位分析的基础上，清晰明确地描述出目标岗位的职责。

第五步：分析对这些岗位的客户期望。了解目标岗位与其他岗位的相关性以及客户的期望值，并据此制定对相关人员的行为规范和准则。

第六步：明确关键成功因素和绩效指标。依据公司的年度经营计划，明确目标岗位各项工作活动完成的效果、完成的时间。找出完成部门年度计划的关键结果区域，确定绩效指标。

第七步：检查一致性。将设定好的部门绩效指标及评估标准，对照公司的经营目标和年度计划，以及部门职责，检查所设定的绩效目标及其标准是否全面、一致，是否需要修改。同时，检查处于同一层次人员的绩效目标是否具有可比性。

第八步：结合国内外行业标准，根据企业的实际情况，确定各绩效指标的衡量标准或计算公式和评估时间。

第九步：确定权重分配。根据各项指标对企业战略的重要性，确定其权重值。

第十步：形成绩效目标计划。为了体现绩效承诺的严肃性，绩效目标计划是以绩效合同的形式出现的。

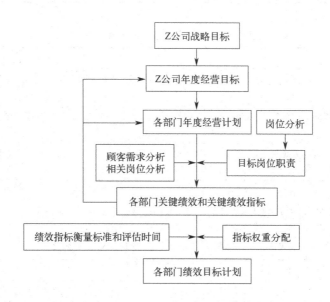

图 5-2　Z 公司部门绩效目标计划设计流程

（二）Z 公司绩效指标的设计

依据 Z 公司总战略，结合当前的市场行情，平衡分解 Z 公司 2024～2029 年的战略目标，形成 Z 公司四大关键业务策略和关键业务战略措施及其 2024 年的年度利润分配（如表 5-2、表 5-3）。

表 5-2　Z 公司各部门业务的关键策略

关键业务	关键策略
建筑机械租赁	目前房地产行业调整,建筑机械租赁业务下滑,未来公司将收缩这一部分业务
建筑业务	目前房地产行业调整,建筑业务业绩下滑严重,未来公司将收缩这一部分业务
商品贸易	商品批发行业的爆发性相对不高,投入高而回报率低,但 Z 公司的此类业务基础雄厚,宜稳中求升,未来走向应以调整商品组合及强化服务为主方向。以股份为龙头,向价值链下游纵向延伸,发展高附加值分销贸易,开拓新渠道,做兼顾国内外市场的综合批发商。此业务模块在很长时间内将为公司贡献较多的现金流

续表

关键业务	关键策略
百货连锁	零售连锁前景看好,市场吸引力大,但竞争激烈,应谨慎挑选商品种类,快速在市场上布局。以Z品牌为核心,快速发展百货连锁,再向百货专业的多业务横向发展,形成Z百货王国的全面零售网络体系
农贸连锁	国内市场空间广阔,行业成功的关键在于初期能否建立起规模。短期内集中投入资源快速发展,品牌扩张与市场扩张保持平衡

表 5-3 Z公司关键业务战略措施

关键业务	战略措施
商品贸易	业务定位:向价值链下游延伸,整合现有商品业务,开发新业务,扩大进出口业务,销售渠道多样化,整合信息化管理
百货连锁	调整现有产权结构,重新定位,重组管理团队,连锁发展规划,理顺现有加盟关系,整合物流中心
农贸连锁	农贸商品系统规划,农贸商品品牌塑造,加强资本融资,完善运营管理体系,进行专业人才培养,建立专业采购中心,建立物流信息系统

Z公司的各业务及其利润目标,如表5-4所示。

表 5-4 Z公司支柱业务收入及利润目标分解表

年份	2024年业务收入			2029年目标		
主要业务	营业收入/亿元	税前利润/亿元	利润率/%	营业收入/亿元	税前利润/亿元	利润率/%
商品贸易	48	2.4	5	80	6.4	8
农贸连锁	2	0.5	25	10	3	30
百货连锁	15	1.2	8	30	3	10
建筑业务	3	0.45	15	2	0.2	10
建筑机械租赁	2	0.4	20	1	0.15	15
合计	70	4.95	7.07	123	12.75	10.37

根据上面的分析我们可知,Z公司的支柱业务在公司的战略实现中肩负着不同的使命,相应的各业务的年度经营计划、关键绩效指标和设计的绩效目标应该各不相同。下面以Z公司百货连锁部门为代表来说明绩效目标设计的过程。

通过上述Z公司战略目标的分解,结合百货连锁业务的特点,可以得出百货连锁部门的战略目标应该是:定位于区域市场,在省内形成一定的规模,加强品牌经营、提升利润率,在适当时机与同行结成区域性强势百货联盟;确立品牌形象后,在省内发展与百货相关联的其他消费品专卖零售模式;立足流通业务模式,实现流通领域专业多元化发展,树立核心竞争优势,成为中国流通领域知名企业。依据上述目标，应用平衡计分卡法对百货连锁的具体战略目标进行分解，形成了百货连锁部门 2024 年具体经营目标（如表 5-5）。

表 5-5　百货连锁部门 2024 年度经营目标

财务层面	销售收入	30 亿元
	税前利润	3 亿元
	利润率	10%
顾客层面	渠道布建	多个
	客户稳定率	90%
	客户增长率	10%
	建立高效低成本的客户服务系统，售后服务响应率	100%
	投诉率下降	20%
内部经营过程	创立品牌效应、增强行业吸引力	
	选择更合适的目标客户群体、加快市场扩张速度	
	发展百货店连锁、形成 Z 百货王国的全面零售网络体系	
	提高物流中心的信息化运营能力	
	提高市场快速而正确的响应和匹配客户需求的供货能力	
	提高并购整合能力，稳定高品质的货源，控制具有市场竞争力的采购成本	
学习与成长	打造市场化经营的专业团队	
	年人均培训时间达到 15 天，加强一线员工的服务意识	
	建立学习机制，培养流通行业的专业人才	
	重组管理团队，提高中基层管理者的管理能力，学习新型经营管理机制	

根据年度经营目标我们可以看出百货连锁部门在 2024 年度的工作使命是：创造品牌效应，以 Z 品牌为核心，快速发展百货连锁店，再向百货专业的多业务横向发展，形成 Z 百货王国的全面零售网络体系。在百货连锁部门，部门经理的职责就是部门的工作职责，即完成本部门的工作使命。在上述分析的基础上，以百货连锁部门经理的绩效目标计划为例，说明具体绩效目标的设计流程，如图 5-3 所示。

根据上述分析的内容，可以设计出百货连锁部门经理 2024 年度关键绩效指标评估表（如表 5-6）。在该表中，四个维度的关键绩效指标是根据百货连锁 2024 年度经营目标以及绩效目标计划设计流程设计的。对于这些关键绩效指标的评价标准，可以根据 Z 公司的相关规定得到，也可以借鉴同行业对同类绩效指标的评价标准。

表 5-6 中的关键绩效指标的权重设定方法：第一阶段采用层次分析法的思

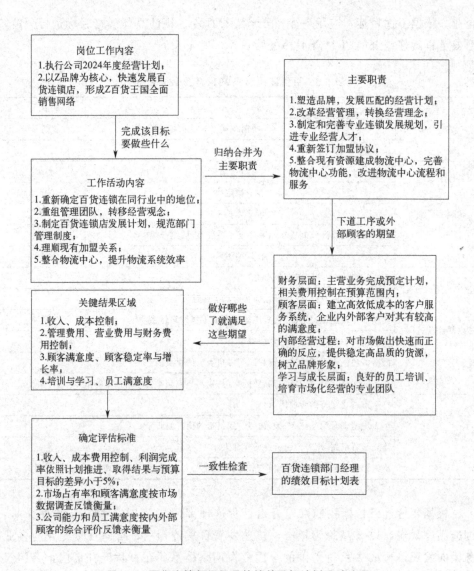

图 5-3 百货连锁部门经理的绩效目标计划设计流程

想来设置平衡计分卡四个维度的权重;第二阶段借助两两比较法确定每个维度下分指标的相对重要性,根据各自的重要性程度分配相应维度的权重,从而得到关键绩效指标的相对权重。例如:我们可以借鉴层次分析法的思想对财务、顾客、内部经营过程、学习与成长四个方面赋权重,其中得到的财务维度权重为 0.2。接下来使用两两比较法对净资产收益率和利润率的相对重要性进行比较,发现在百货连锁部门它们是同等重要的,因此分别给它们赋权重为 0.1 (0.2×50%)。

表 5-6　百货连锁部门经理年度关键绩效指标评估表

四个维度	评估指标\指标得分	与评估标准相比较得出或通过公式计算得出	权重	得分
财务方面（0.2）	净资产收益率	净利润/净资产，比照计划标准打分	0.1	
	利润率	税前利润/营业收入，比照标准，根据差异大小给予相应得分	0.1	
顾客方面（0.3）	顾客满意度	将市场调查数据和公司日常经营记录，与历史数据比较，结合老顾客稳定率与新顾客增长率，根据有关规定给予评价	0.2	
	市场占有率	依照市场调查，并结合顾客满意度调查，与历史数据比较，给予评分	0.1	
内部经营过程（0.3）	连锁店加盟数量	根据新加盟的连锁店数目、新增加的目标客户群的数目，与计划比较打分	0.1	
	市场反应能力	依据市场调查，并结合顾客满意度调查，与历史数据比较，给予评分	0.2	
学习与成长方面（0.2）	学习与成长	通过员工满意度调查、结合相关标准给予评分	0.2	
总计得分				

上述内容是 Z 公司战略绩效管理系统设计的第一步。书中主要以百货连锁部门为例说明了关键绩效指标的设计过程，公司其他部门的关键绩效指标可依此进行确定。在这个过程中我们综合运用了平衡计分卡法和关键绩效指标法，将公司的战略分解成具体战略措施和相应部门的年度经营目标，根据部门的不同使命将其转换成相应的绩效指标，确定部门关键绩效指标。在此基础上，我们可以根据相应岗位的职责和要求特点，确定相应员工的关键绩效指标。

（三）绩效实施与监控

战略绩效管理系统是一个完整的系统，其各个环节环环相扣，相辅相成，缺一不可。绩效实施与监控贯穿整个绩效期间。耗时比较长。绩效计划是否能够落实和完成依赖于绩效实施与监控，绩效评估的依据也来自实施与监控，所以绩效实施与监控是一个重要的中间过程。Z 公司各部门和员工的绩效目标计划制定以后，各部门和员工就应该按照计划展开工作。而在计划执行的过程中，公司的管理者应该实时进行跟踪，关注计划执行的情况，提供相应的帮助，对于偏离计划的行为及时予以纠正等。在绩效实施与监控的这个过程中，公司管理者应该和部门经理、员工进行及时的沟通。绩效沟通可以围绕以下内容展开。

公司所确定的战略和年度经营目标进展如何？

部门是否正确达成目标？其行为是否偏离绩效标准？如果有偏离方向的趋

势，应该采取什么样的行动扭转这种局面？

哪些方面的工作进行得好？哪些方面遇到了困难或障碍？

是否需要对部门的绩效目标进行调整？

公司可以采取哪些行动来支持部门、员工绩效的达成？

（四）绩效反馈

在Z公司依据绩效目标计划对各部门和员工进行绩效评估后，管理者应该将最终考核结果反馈给各部门负责人或相应的员工，并就考核结果展开面谈。管理者一方面应该明确指出部门或员工的成绩、优点及需要改进的地方，听取部门负责人或员工的意见并详细记录；更重要的是要指出部门、员工在企业战略实施中所起的作用、已经做出的贡献、存在哪些不足以及下一阶段应该努力的方向。

绩效反馈是Z公司战略导向绩效管理的一个重要环节，通过这个环节，各部门经理应该更清楚本部门已经取得的成绩、出现了哪些偏差，从而为下一阶段的工作制定正确的经营计划。

（五）绩效结果的应用

Z公司考核结果主要作为被考核者职务升降、工资等级升降、绩效工资发放、培训等工作的依据。根据Z公司的有关文件，按考核分数的高低将考核结果分成A、B、C、D、E五类，不同的类别相应的奖惩措施不一样。

1. 职务升降

绩效优异是职务晋升的必备条件。按照Z公司相关的规章制度，对于年度考核为A类的员工，列为人才梯队的后备人选；多次考核为A类的员工，列为职务晋升对象。

年度考核为E类的员工给予行政降级处理。连续两年考核为E类或连续三年考核为D类的员工进行待岗处理甚至解除劳动合同。

2. 工资等级升降、绩效工资发放

以年终绩效考核成绩为准，在下一年对表现优异的员工通过提高其岗位薪点数来进行奖励；对表现不合格的员工，降低其岗位薪点。岗位薪点的变动以本岗位薪点变动范围为限，具体可以参照公司的薪酬制度。另外，年度考核结果直接影响绩效工资的发放。

3. 培训

年度考核为A类的员工，优先列为深造培训的对象。考核为E类的员工，由人力资源部结合部门负责人对其进行针对性强化培训，帮助员工提高绩效。

第二节　基于平衡计分卡的高校战略绩效管理系统设计

一、平衡计分卡应用到高校战略绩效管理的可行性分析

高校是一个高投入、高产出的单位，承载着人才培养、科学研究和社会服务三大责任。高校作为现代社会的一种重要组织，竞争态势日趋激烈，绩效管理是影响其战略发展的重要因素之一，关系着其核心竞争优势的形成和未来的发展方向。高校战略绩效管理成为绩效管理的研究热点之一。

自从提出基于平衡计分卡的绩效管理模型以后，学术界和企业界都进行了大量的深入研究和广泛的实践活动，特别是平衡计分卡在企业绩效管理实施中获得较好效果，使得平衡计分卡的认可度得到了迅速提高。随着高校教育的深入推进，高校的特殊性也引起了学者的关注。传统的营利组织绩效管理方法已不能适应高校的绩效管理，平衡计分卡的提出为高校绩效评价提供了一个非常有意义的思路。对此，国内外学者和高校进行了较为丰富的研究和实践。爱丁堡大学是英国较早将平衡计分卡引入战略管理的高校，长期以来，该校使用平衡计分卡方法，将高校战略与高校绩效管理进行了融合，是对高校绩效管理方法的积极探索，取得了非常好的效果。由于高校战略的多维度性，不同的高校对于战略的最高定位和方向不同，在高校平衡计分卡的制定过程中，需要对平衡计分卡的维度顺序进行调整，例如：是将财务，还是学习与成长定位为最高层，或者是良好的顾客反应？高校的类型多种多样，可以根据高校战略发展需要和绩效管理的目标进行决定。

（一）引入平衡计分卡的必要性

1. 与高校发展战略的契合

高校的发展目标是培育出爱国敬业、勤奋进取、专业技术扎实的新时代专业型人才。高校的长远战略是实现产教融合、打造"双师型"教师团队，培养复合型人才，这是大多数高校的战略愿景。引入平衡计分卡，从财务维度、客户维度、内部业务流程维度、学习与成长维度着手，分析发现这种战略愿景与高校长远的发展目标是高度契合的。高校的战略绩效管理所面临的问题在某些方面与普通企业面临的问题相似。从顾客维度看，高校的主要服务对象是学生，满足学生的求知欲、满足社会的需求、培养合格的学生是高校办学的基本出发点；同样企业也必须让获得产品和服务的顾客得到满意。从财务维度看，民办高校与企业一样存在资金自筹的问题，需要多途径、多渠道筹资。公办高校的经费来源与民办高校、企业有所不同，但都会涉及收入的核算，如学生的学费收入、社会培训服务收入；也涉及成本的核算，如校区场地的扩建、教师的薪酬、水电费以及教学

实验设备的投入等。从内部经营过程维度看，传统企业的内部经营过程包括采购、生产、销售等方面，高校则有招生、培养、就业等几个方面，并且在以上各个环节都存在着与同类高校的激烈竞争。从学习与成长维度看，企业要发展，必须不断地学习和创新才能保持长期竞争优势；高校也一样，要在师资队伍建设、教学的方法改进、校园的文化建设等方面不断开拓新的思路，以提高整体办学能力和质量。

2. 全方位考核教师

平衡计分卡是一种先进的、科学的绩效考核方法。不同于传统绩效考核方式，它对于解决考核指标单一、考核指标不具体的问题有着很好的改善作用。传统的教师绩效考核过分关注课时量、科研项目经费和论文发表篇数等情况。我国高校发展迅猛，传统的绩效管理方法已经不能满足当下多维度全方位的考核需要。平衡计分卡拓展了教师绩效考核思路的维度，能够更客观全面地衡量教师各方面的综合绩效。

3. 考核指标可量化

在教师工作绩效指标量化的过程中，平衡计分卡起到了至关重要的作用。首先通过四个维度将高校整体战略分解，再根据四个维度将其分解成各二级学院、各教职工的绩效指标，并设计各指标的相对权重，以更先进、更科学的绩效考核量化指标去评价教师工作的绩效。

4. 内部沟通与反馈得到强化

随着高校的发展，不论是生源的激增，还是教师队伍的短期庞大、学历层次的提高，又或是高校校区的快速扩张，战略发展是学校发展不可缺少的阶段。引入平衡计分卡，把学校战略目标往下层分解，分解到每一个相关的职能部门、二级学院，再到每一个接受考核的教职工，这样就形成了一个有机的体系。通过平衡计分卡来加强高校内部沟通，及时反馈基层教职工的意见和考核结果，优化教师绩效考核制度，有利于各级部门和教职工的绩效提高，有利于高效战略目标的实现。

（二）引入平衡计分卡的可行性

1. 高校战略性发展的需求

平衡计分卡的一个重要突破是将战略引入绩效评价。虽然这一评价模式是为营利组织而设计的，但对于非营利组织也非常适用。当前高校数量众多，而且规模越来越庞大，但是高校的整体质量参差不齐。靠规模形成的优势并非长远发展之计，高校在长期的发展中也需要像企业等组织一样，树立良好的形象，形成优秀的品牌。而专注这种长远发展的关键就是战略的核心地位。平衡计分卡将战略作为重心，将高校战略目标分解为绩效评价指标，进而通过教职工的行为来达成愿景。高校要根据自身拥有的资源，确定战略目标，构建某些难以模仿的竞争优势，发展特色办学方向，而不是全面发展所有的专业教育。"大而全"的模式不利于高校的长远发展。高校要明确自身的发展目标，准确定位目标，实现长远发展。明确战略定位，借助平衡计分卡系统进行特色办学战略目标分解，并与绩效管理目标相联系，引导全体员工朝着实现高校的战略使命而不断努力。

2. 平衡计分卡实现高校绩效的盈利与非盈利平衡

平衡计分卡的关键在于"平衡"。高校绩效管理应当具有激励和推动作用，能够从绩效的评价过程和结果中发现问题，并通过积极的行动解决问题、取得更好的绩效，实现高校整体绩效的改善，推动高校战略目标的实现。但是当前高校的绩效管理大多偏重高校内部对教师和二级学院的年终绩效评价与绩效奖惩。在竞争环境下，高校制定整体战略，讲究效率和效果，通过优化资源配置、理顺组织管理流程，提升高校整体办学能力。平衡计分卡在高校绩效管理中的运用，能够实现高校绩效管理的整体平衡。首先，采用这种模式可以使高校获得内外部平衡。高校的绩效管理要关注内部管理、教学、科研能力的提升。高校通过教育活动培养人才，为社会提供服务，因此要关注外部市场，站在外部"客户"的角度考虑外部市场的需求，从市场的角度观察市场对高校的评价和认可情况。其次，借助平衡计分卡这种模式可以实现高校财务与非财务的平衡。尽管高校是非营利性组织，但如果完全忽视市场属性，忽略财务方面的盈利指标，会非常不利于高校的未来发展。再次，平衡计分卡的评价思路实现了长期和短期发展的平衡。高校不能忽视长远发展，借助平衡计分卡将战略引入绩效评价中，实现了高校可持续发展的总体目标。最后，平衡计分卡的各因素之间是相互作用的，可促使管理人员清晰地了解高校绩效之间的因果联系，因此在进行决策时能够更加重视决策行为的长远后果，更加有利于高校的长期战略发展。

二、高校绩效管理中存在的问题分析

（一）借鉴企业的绩效管理体系不合理

我国的高校绩效管理研究相对于企业绩效管理研究起步较晚，相关研究文献数量到了 2004 年以后才逐渐增加。我国高校战略绩效管理系统的广泛应用更是始于最近几年，还未形成较为稳定的、针对科研群体和教学群体较为成熟的战略绩效管理系统。从企业"借来"的绩效管理体系对于非营利性质的高校有很大的不适应性。作为营利性组织的企业，尽管不同企业的经营目标在股东利益最大化、综合效益最大化、利润最大化等方面存在争议，但利润是所有企业追求的共同目标。与利润息息相关的财务绩效是企业进行绩效考核的首要关注对象。而作为非营利性质的组织，高校追求的首要目标并不是利润，而是学生的培养和科研产出。高校绩效评价体系大多比较关注招生规模、就业率、科研资金量、论文数量、生源质量等情况，并不一定能帮助高校实现培养人才、开展科学研究和服务社会的目标。"功利性"的绩效考核体系导致高校长期发展动力不足，使高校核心竞争力的提升落后甚至停滞。由于发展较慢和缺乏科学研究成果的支持，高校战略绩效管理系统无论在理论研究还是实践方面都还有所欠缺。

（二）考核指标不科学不全面

业务数量和利润是企业进行绩效考核的主要参考指标，也是可量化的指标。"百年树人"是高校绩效产出周期的现实状态。国内有些高校在进行绩效管理时不太注重绩效目标的合理性和绩效考核的科学性和现实性，在考核过程中过于注重教师的结果绩效而不是行为绩效，这些是高校绩效考核存在的主要问题。在进行考核时注重表面的短期绩效（如教师的教学工作量、年度科研经费、年度论文发表数量）而不是学校的长远发展、学生的素质培养和教师的成长。不合理的指标设定为教师特别是青年教师提供了错误的工作导向，不仅不利于教师的长期发展，甚至会产生阻碍作用，长期的错误导向会对高校的长远发展造成持续的不利影响。

不可量化也是高校绩效管理与企业绩效管理的主要不同之处。把非量化的绩效进行量化是高校绩效管理的一个尝试，而在对教师的绩效进行量化指标设计和评价时，设置的指标也存在不科学不全面的问题。高校对非量化的指标设计和考核均存在较大的困难，如教师的教学改革方法、创新建议等，很难转化为量化考核指标。不全面的考核指标导致教师把主要精力放到可考核的方面，而忽略了对高校发展同样重要的"软实力"（创新与改革），造成高校发展过程中的"跛脚"现象。

（三）与战略契合不紧密

战略是当今企业发展过程中的必经之路，战略不仅是一门技术，更是一门艺术。从企业的层次来讲，战略更多的是一种观念。战略管理过程包括战略制定和战略实施两大部分。在战略实施过程中包括长期和短期的目标制定、沟通、监督和考核、反馈与调整。在竞争激烈的今天，高校引入战略管理是高校发展的重要手段，如中部某高校引入的"国际化战略"，对高校科研实力的增强和国际地位的提升已初见成效。

绩效管理是企业战略管理的重要组成部分，也是战略实施的重要支持和保障。与战略紧密契合的绩效管理在绩效指标设计、沟通、考核、反馈各个流程中均以组织的战略目标为导向。高校绩效管理也是一种战略管理，要求绩效管理要着眼于未来、着眼于高校的长期发展。我国已经有许多高校或相应的高校部门（如高校发展规划处）实行战略管理，但与相应的绩效管理契合度不高，还处在发展的初始阶段。

(四) 绩效管理过程中信息流通不畅

我国的高校管理系统是传统的"校—院—系"三级或"校—院—系—研究室"四级管理的直线型组织结构，信息的传递线路是自上而下和自下而上的直线型，信息流通链条过长导致信息在流通过程中可能变异，同时也成为信息传递及时性和有效性的障碍。绩效管理中的考核指标制定、反馈和调整过程对信息流通的准确性、及时性和有效性要求较高。很多高校的绩效管理体系都是生搬硬套其他企业或高校的绩效管理体系，在指标的制定过程中没有与二级学院、专业系、相应的教职工进行有效的沟通，导致指标的设计偏离实际；在指标下达的过程中也没有与二级学院、专业系、相应的教职工进行有效的沟通，导致二级学院、专业系、相应的教职工对考核指标存在疑虑和不满。而在绩效反馈的过程中，各级部门在与上级意见不一致时并不一定都能够及时提出反对意见，从而导致信息在反馈过程中沟通不畅，绩效管理中存在的问题无法及时传达，老师趋于形成"上有政策，下有对策"的思想和行为方式，导致绩效管理体系无法进行及时调整，绩效管理的改革停滞不前。沟通渠道的不完整是信息不流畅的主要原因，高校中缺乏与绩效管理相关的有效沟通渠道，不仅会导致绩效管理的失败，也会导致高校各层级之间形成隔阂。除了以上问题，高校绩效管理中还存在重奖惩而不重改进、部门领导参与不够、团队绩效考核缺失等传统的绩效考核问题。在战略管理日益广泛的今天，除了解决上述问题，高校绩效管理应与高校的发展战略有机结合起来，实施高校战略绩效管理，使高校绩效管理更加合理化、科学化、现代化和战略化。

三、高校战略绩效管理系统的设计

(一) 平衡计分卡与高校绩效管理的耦合

平衡计分卡作为战略绩效管理工具，为高校绩效管理提供了新的切入点。平衡计分卡采用了定性和定量两种方式为高校绩效的评定提供了选择。高校平衡计分卡绩效评价以战略选择为出发点，利用平衡计分卡多维度的分解，使总体战略分解为四个维度的二级战略，再通过四个维度指标（关键绩效指标）的确立，分解为可以实施的评价工具（如图5-4）。

基于平衡计分卡的绩效管理系统促使高校建立战略愿景，进而在平衡计分卡框架下进行战略的一级和二级分解，实现战略落地。在战略模式下，将愿景转化为行动，并且通过绩效管理过程中的绩效评价、绩效沟通、激励活动等为战略提供信息反馈。

(二) 高校战略目标的设定

绩效目标的设定是平衡计分卡发挥效用的前提条件，目标设定不合理可能导

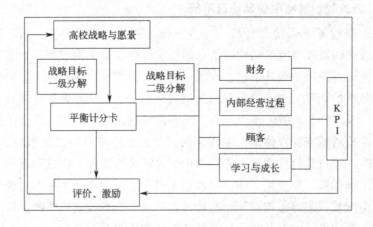

图 5-4　平衡计分卡与高校战略绩效管理耦合示意图

致无法将其战略转化为教职工的具体行动,也无法通过教职工的实际行动促成学校战略的实现。一般来讲,高校追求社会公共利益,企业追求的是个体利益。然而高校的组织性和竞争性与企业是相同的,可以借鉴企业平衡计分卡绩效目标设定的原则来设定高校的绩效目标。

高校面临的竞争环境是非常激烈的。高校战略目标的设定需考虑高校绩效评估主体的变化和高等教育社会功能的拓展。从高校绩效评估主体的变化来看,当前高校绩效评估主体逐步多元化,主要有政府、社会、市场和高校自身等四个方面。这四个方面在推动高等教育战略实现的过程中具有各自不同的责任,直接影响着高校战略目标的设定与实现。

从高等教育社会功能的发展来看,其传统功能是人才培养、科学研究和社会服务,随着社会的发展,这些已不能完全满足高等教育在引领人类社会价值方面的作用,因此高等教育被赋予第四种功能,即文化传承的功能。这一功能体现了高等教育自身所蕴含着的更重大的社会使命。上述多方面因素为高校制定绩效目标提供了更为多元的视角,高等教育赋予高校的责任越来越大。因此,高校战略目标的设定应该充分融入满足社会需求的理念,未来的发展坚持适应市场需求的路线,通过培养优秀的应用型人才来获得市场的认可,同时积极打造领先的专业学科,引进教学经验丰富、科研能力强、实践水平高的优秀教师,充实师资队伍。

通过组织管理、教学的提升,培养适应社会需求的专业型人才,通过合作的方式与企业等组织合作培养各类社会急需人才,通过提升生源质量,在源头上使得学生质量得到提高,再通过高质量的教育、管理的实施,培养能够得到企业认可的优秀毕业生。培养的学生始终是最好的宣传,品牌效应的建立需要培养大量的优秀毕业生。

因此，在最高战略层级，需要建立先进的高校管理制度，提升高校管理水平；通过面向市场的方式，培养一大批优秀的应用型人才和优秀的教师队伍，通过不断努力获得用人单位和社会的认可。

"需求导向"要求高校的教学、科研等工作应当紧紧围绕经济社会发展的重大需求，重点研究和解决发展中面临的战略性问题。高校要广泛吸纳其他科研院所、政府、企业甚至国际力量，形成多元化的、开放的运行模式，实现与社会其他科研力量的协同，共同服务于高等教育的战略目标。高校要与各类创新力量进行深度合作，共同探索新的能够促进创新要素有机融合的机制，促进资源共享，加快学科之间的相互融合，推动高等教育与科技、经济、文化的互动。另外高校要加快体制改革，不断实现与社会上其他机构的协同创新，实现高等学校自身创新能力的不断提升。

综上所述，高校绩效管理目标的设定应当考虑社会发展赋予高校的历史使命，既要满足服务对象（如人才培养与科技创新）的需求，又能从教学、科研、创新以及教职工学习与成长等方面为高校战略目标的实现提供支持。鉴于此，将高校绩效管理目标设定为：推动高校教育质量的提升，促使高校关注社会需求，实现与其他社会力量的协同、融合和创新。

（三）高校战略目标的分解

高校的发展离不开财力、人力、物力等多方的协调，在整体战略的基础上，应将其不断分解。战略目标的一级分解落实到各二级学院和相应的管理部门的绩效目标中；战略目标的二级分解落实到专业系、教研室和教师层次的绩效目标中。

战略目标的一级分解在学校层次，战略落实到了顾客、财务、内部经营过程、学习与成长等四个维度，这几个维度都是站在学院最高层进行分解的。在顾客维度，高校应更加关注整体上的就业率、用人单位满意度、学生/家长的满意度等反映社会对学院的认可度、满意度的指标。在财务维度，高校的战略是需要获得足够的资金支持，需要拓宽多种资金渠道，而且通过管理水平的提高来控制整体费用。在内部经营过程维度，高校的战略是通过持续改进建立特色学科专业，优化组织流程制度等；在学习与成长维度，高校战略要定位在能够吸引和培养一批优秀的师资队伍，提高队伍的教学、科研水平。

战略目标的二级分解在专业系、教研室和教师层。战略目标被分解得更细，二者都是最接近基本活动的单元。在顾客维度，要实现学生质量的提高、用人单位和社会的满意，就需要从基本的教学工作开始，提升教学实践能力，提高专业的知名度。在财务维度，主要针对的是专业系和教研室层面需要获取科研经费，控制成本费用。在内部经营过程维度，需要合理分配教学资源，对应用性强、受到社会欢迎的专业给予一定的资金倾斜。在学习与成长维度，要落实教师队伍素质的提升、科研成果的形成等战略。

(四) 高校战略绩效评估指标体系

根据高校绩效管理的目标，在构建高校战略绩效管理系统时，首先考虑其是否能推动高校整体实力与竞争能力的提升，是否有助于战略执行能力的提高，能否体现人才培养、师资队伍与学科建设、科技创新、服务社会等各个方面的要求。平衡计分卡在顾客、财务、内部经营过程、学习与成长四个方面构建管理体系，正是体现了这一思想。但传统的平衡计分卡将财务层面置于第一维度，在构建高校战略绩效评估体系时，应当将社会需求放在首要位置以满足社会服务为主导。基于此，从社会服务、财务资源、内部流程、组织创新等四个维度来刻画高校的组织战略要素。此外，不同于企业以营利为目的的发展目标高校使用平衡计分卡实施战略管理时，四个层面的指标选取都应具有前瞻性（如表 5-7）。

1. 社会服务

将社会服务方面的评价指标置于绩效评价体系中，引导高校把学生、社会需求作为驱动战略发展的主要目标。高校主要是为国家输送优秀人才，承担国家、政府部门以及企事业单位的科学研究项目，为社会发展和进步提供智力支持。高校的客户主要是学生及家长、用人单位、政府机关、科研院所等其他智力服务对象。因此高校既要满足学生、学生家长对教育服务的要求，也要满足用人单位对培养人才质量的需求。在设计服务方面制定评价指标时，高校应当准确把握上述不同客户对其服务质量的满意度，同时从不同角度满足社会服务需求。可选取如下指标：学生/家长满意度、毕业生就业率、用人单位满意度、智力服务单位满意度等，这些满意度情况可以通过广泛发放问卷以及调查与访谈方式来获取。

2. 财务资源

高等学校的发展需要充分、稳定、长期的财政支持，财务性指标依然是衡量高校绩效最直接的指标，也是最重要的指标之一。对于财务资源的评价可以从财务资源的获取以及财务资源的使用和分配两个方面进行，相应的评价指标亦从这两个方面选取。

从财务资源的获取来讲，高校是非营利组织，资金主要从外部获取，目标是不断增加办学资金的数量，其获取资金的方式主要包括努力争取国家办学经费，加大申报课题项目力度，吸引社会捐助等。可设置如下评价指标：国家财政投入经费额、自筹经费额、社会捐赠额、科研经费额等。在绩效评估实践中，这些指标可以使用绝对值指标，也可以结合实际使用相对指标。

从财务资源的使用与分配角度来说，高校应主要关注资源使用的经济性、效率性和效果性。在对高校财务支出的经济性评价中，可设置人均开支水平、从事教学科研的专任教师的薪金占薪金总额的比率、教学与实验设备购置支出占总支出的比率等指标。在对高校财务支出的效率性评价中，可按照高校的产出与其所耗费资源之间的比率设置教师的教学工作量、教师的人均科研成果、学生人均占有图书册数、学生人均占有实验仪器的价值、单台资产利用率、教师人均占有科研设备的价值等指标。在对高校财务支出的效果性评价中，可设置资产运行效率、每万元财政投入所培养的学生数量和质量、每年学术成果转化率等指标。

3. 内部流程

高校通过教学、科研、提供社会服务、兴办产业等活动来创造价值，而这些活动又都是通过一系列的业务流程进行的。因此，绩效评估体系中应当纳入对内部流程的评估。高校的内部流程可以解释为高校在使用财务资源实现其使命和战略的过程中所发生的一系列活动。这些活动主要包括教学工作内部流程、科研工作内部流程和其他社会服务内部流程。其中，教学工作流程主要包括制定教学目标、实施教学手段、评价教学效果等。科研工作流程主要包括科研基础设施的建设、科研产出与评估等。社会服务流程主要包括针对学生和老师的服务。绩效评估体系中可纳入对内部流程的评估。在平衡计分卡中，内部业务流程的目标和评价指标源于客户的期望。因此，高校内部业务流程维度的评价可选取如下指标：特色学科的数量、精品课程的数量、专任教师与学生的比例、教师教学的资历、实验教学课时与总教学课时的比例、行政流程效率、各种流程的差错率、毕业生跟踪服务次数、用人单位反馈意见的处理次数、科研与智力服务单位意见处理次数等。

4. 组织创新

教职工的个人能力是高校顺利开展人才培养、科学研究、社会服务与文化传承的前提。高校的稳步发展及竞争力的提高依靠的是教师水平的不断提升，因此调动教师的积极性和创造力是实现高校发展战略的前提和基础。一所高校教师的整体知识水平、优秀教师数量以及教师科研能力等是决定其在同等高校中的地位的重要因素。因此，在高校平衡计分卡绩效评估指标体系中，应充分考虑教职工的个人能力，主要分为两个方面：一是教职工能力的维持，二是教职工激励、授权和协作。因此可以从这两个方面设定评价指标。在教职工能力的维持方面，可从员工的能力与素质、员工培训与发展两个角度设定知识水平、科研能力、实践能力、教师培训次数、培训经费等指标。在教职工激励、授权和协作方面，应考虑其是否有助于调动教职工的积极性和主动性，营造良好的教学与科研氛围等，设定员工满意度、教职工建议采纳次数、个人目标与高校目标的一致性、团队绩效等指标。

表 5-7 基于平衡计分卡的高校战略绩效评估指标体系

维度	指标类别	评价指标
社会服务	—	学生/家长满意度、毕业生就业率、用人单位满意度、智力服务单位满意度
财务资源	财务资源的获取	国家财政投入经费额、自筹经费额、社会捐赠额、科研经费额
财务资源	财务资源的使用和分配	经济性：人均开支水平、从事教学科研的专任教师的薪资占薪资总额的比率、教学与实验设备购置支出占总支出的比率 效率性：教师的教学工作量、教师的人均科研成果、学生人均占有图书册数、学生人均占有实验仪器的价值、单台资产利用率、教师人均占有科研设备的价值 效果性：资产运行效率、每万元财政收入所培养的学生数量和质量、每年学术成果转化率
内部流程	—	特色学科的数量、精品课程的数量、专任教师与学生的比例、教师教学的资历、实验教学课时与总教学课时的比例、行政流程效率、各种流程的差错率、毕业生跟踪服务次数、用人单位反馈意见的处理次数、科研与智力服务单位意见处理次数等
组织创新	能力维持	知识水平、科研能力、实践能力、教师培训次数、培训经费等
组织创新	激励、授权与协作	员工满意度、教职工建议采纳次数、个人目标与高校目标的一致性、团队绩效

以高等教育赋予高校的新时代的办学使命为出发点，设定高校发展战略及绩效管理目标，是进行高校战略管理的前提。引入平衡计分卡，分析社会服务、财务资源、内部流程、组织创新四个战略要素在推动高校战略发展中的因果互动关系，是构建高校战略绩效管理指标体系的基本要求。在此基础上，将高校的整体发展战略与社会使命转化为教职工的实际行动（包括教学、科研、服务、文化传承），设计基于平衡计分卡的高校战略绩效管理指标体系对于提高学校的管理效率、强化教职工的责任意识、激发教职工的积极性和创造性具有重要意义，推动实现高校发展长期目标与短期目标、财务目标与非财务目标、发展结果与发展过程之间的有效平衡。

对战略目标进行分解并构建绩效指标体系后，高校应分析各指标之间的相对重要程度，利用相应的方法对各级指标赋权重，例如层次分析法、专家打分法，并计算各层级指标的得分。根据绩效考核结果，结合战略绩效管理系统规定的制度，对各考核对象进行绩效奖惩。

（五）高校战略绩效管理系统的实施

1. 加强宣传培训

战略绩效管理系统的顺利实施，需要学校上下每个人的认可和努力，包括院领导、教师以及学生的配合。为了保证战略绩效管理系统的有效实施，一方面，要做好宣传解释，让学校领导及教师了解新体系的重要性和必要性；另一方面，要提升学校领导及教师对于新体系的认可度及执行力。

（1）形成关于战略目标的共识。在确定了战略目标后，应当及时向全校员工传达，明确战略目标对学校可持续发展的指导意义，将战略目标层层传递以达成共识，并制定各部门、各教职工的绩效目标。然后，通过平衡计分卡将战略目标逐层分解成可以有效实施的具体绩效指标，搭建战略目标和实际执行的桥梁。全校上下对战略目标达成共识，提高广大教职工的积极性和主观能动性，形成教师绩效考核实施的内生动力。

（2）加强教师绩效考核的相关培训与交流。加强与教师队伍的沟通，充分动员每个教师参与，将有助于战略目标的推广和认同。通过召开座谈会和专题会议，对教职工进行培训，让他们了解学校的发展前景、战略、目标与绩效衡量指标。尤其是在实施过程中，更多地应用提高教育教学质量的关键绩效指标，所以应充分考虑教师意见。在绩效目标的制定、反馈信息的获取和收集等过程中，应强调和教师的沟通，鼓励教师和同事、同行间横向比较的同时，也应加强对自我的管理，进行自身的纵向比较。对涉及每个教职工的显性目标和隐性目标都要进行考核。通过内部培训和沟通，使教职工充分了解绩效标准和指标，明确努力的方向，为其提供改进的依据；也能够使教职工清楚地认识到绩效管理系统和自身利益的紧密关系，并对战略绩效管理系统以及各部门间的有机联系进行了解，真正地实现高校战略目标和绩效管理目标，推动高校可持续发展。

2. 完善高校绩效管理体系实施流程

实施战略绩效管理系统需要完善绩效考核流程，具体的教师绩效管理流程建议如下。

（1）发放通知。绩效管理日常管理机构按制度要求定期向二级学院、职能部门、教职工等相关部门和人员发放考核通知与考核表，督促开展考核工作。

（2）填写考核表。收到通知的各级领导、各二级学院及职能部门、各职位教师、有关学生等各个评价主体据实填写考核表。

（3）结果汇总。将考核表汇总、审核并计算，最终得出考核结果。

（4）沟通反馈。将考核结果反馈给相关部门、二级学院和教职工及其直接上级领导。涉及的相关人员，由直接上级领导与之沟通，一方面，可以促进教师与上级领导之间的情感交流，让上级领导了解教师的贡献与不足，指导其日后工作；另一方面，若教师对相关考核结果有异议，可直接反馈给上级领导；若教师与上级领导无法达成一致意见，可以报送绩效管理日常管理机构复核，最终确定考核结果并签字确认。

（5）考核结果审批。各二级学院、职能部门、教职工对考核结果进行签字确认后，报绩效管理日常管理机构审批，并存档备案。绩效考核日常管理机构对整个考核过程中各类考核表单、汇总表、结果确认表等应当分类保管，将其作为教师的绩效工资评定依据。

3. 明确绩效评价的目的

为了保障绩效评价体系的顺利实施，在完善绩效管理制度时，首先应当明确绩效评价的目的。

（1）确保高校的战略目标。绩效管理体系的设计起点是高校的发展战略，将高校的发展战略层层分解，最终可得到相应的绩效评价指标。所以绩效管理体系的目的之一是将高校发展战略融入绩效评价体系，使教师在取得个人发展的同时，促进高校发展战略的实现。

（2）提升高校绩效。对于高校而言，绩效评价可以为管理者就有关人员的职位晋升、聘任、解雇、薪酬发放等提供依据，为学校的行政管理提供便利，有助于高校绩效的提升。

（3）促进教师个人职业发展。高校推进基于平衡计分卡的绩效评价体系不是为了约束教师或者是考核教师，其真正意义在于帮助每个教师发现工作中的问题并反思，对自己以后的职业生涯作出进一步规划，促进教师个人实现更好的职业发展。

4. 设置绩效管理组织机构

绩效管理体系的顺利实施需要相对专业的、有信服力的团队推进并进行日常管理。为了保障绩效评价体系持续稳定地运行下去，可以从两个层面设置绩效管理组织机构。

第一层面，指导机构。指导机构主要是为了确保绩效评价体系实施过程中的资源供给，所以，指导机构的组成人员必须有一定的权力，可以由院系领导担任。指导机构的日常职能主要包括：根据学校发展愿景，制定学校的发展战略；为战略绩效管理系统顺利推进提供指导意见与资源支持；审批绩效管理的相关制度、流程等。

第二层面，日常管理机构。日常管理机构主要是为了监控、管理绩效评价体系的实施，这项职能与相关行政人员的职责类似，可以由以上人员继续担任。日常管理机构的主要职能有：设计、改进绩效管理规定使之制度化；制定绩效管理流程，确保绩效管理规范化；设计、改进绩效评价体系，并报指导机构审批；组织开展绩效评价工作；监督绩效考核实施过程，确保绩效考核客观、公正；评定绩效考核结果；处理相关反馈意见等。

5. 制定绩效回报机制

绩效管理系统的顺利实施，需要若干配套的激励制度的支持。如果绩效考核的结果没有与之相应的激励机制挂钩，那绩效考核就无法产生内生动力激发教师的主动性与积极性，也就无法激发教师的创新潜能。所以，根据教师的考核结果确定教师的绩效回报是保障绩效管理系统顺利实施的重要手段。

绩效回报与激励的方式大致分为两种，一种是物质层面的回报，包括奖金、行政职务晋升、教职工职称评定、考察学习机会、实物奖励、特批假期等；另一种是精神层面的回报，包括给予一些荣誉称号（如优秀教师、先进教育工作者等）、参与一些重要任务、有设定目标和参与决策的权利等。在选择教师绩效回报方式时，应充分从教师的角度出发，思考对于教师而言，在通过自己的努力取得进步并获得广泛认可以后，想要得到的绩效回报到底是什么。也就是说，要回报给教师真正想要的东西。在与有关教师沟通过程中可以发现，薪资回报与晋升回报是大多数教师比较认可的。所以，一方面，可以设置专项资金来奖励在考核结果中评分较高的教师，这笔资金的金额可以适当大一点儿，这样才能有效激励教师们争先创优；另一方面，要畅通教师的职业晋升渠道，无论是职务晋升还是职称评定，可以将考核结果作为职位晋升或者职称评定的参考依据，对于在绩效考核结果中多次表现优秀的教师可以适当缩短其晋升的年限要求等，充分激发教师的主观能动性。从教师的需求出发，选取合适的绩效回报方式，制定相应的绩效回报制度，将教师的个人利益与考核结果关联起来，这样才能有效发挥绩效评价体系的激励作用，让教师主动提升自己的个人能力及职业素养，从而建立一支高水平的师资队伍，最终提升高校的整体办学水平。

第三节　基于平衡计分卡的战略绩效管理系统的实施保障

企业战略目标的达成是一个长期的过程，绩效管理体系的应用应该贯穿于整个过程之中，如何保证战略绩效管理系统的稳定运行，是企业后续工作中的重要内容。为了企业能够更加高效地应用战略绩效管理体系并获得预期成果，应制定相应的措施保障企业战略绩效管理系统顺利实施和可持续应用。因此，本节内容从战略管理、组织建设、企业文化、管理制度以及信息技术五个角度对如何做好保障措施进行分析。

一、战略管理保障

在企业内部，一般没有专门负责战略制定和管理的机构。为了做好战略的制定、实施、监督及改进，需要设立一个特殊的职能组织——企业战略管理中心。

战略管理中心将整合和协调各职能部门和单位的活动，以协调战略发展和运营管理。战略管理中心应包括管理团队、业务部门、支持部门等。部门内员工彼此合作，各自履行职责并共同实施公司的战略。战略管理中心的任务包括如下内容。

1. 获取公司各个层面的支持

企业要实现基于平衡计分卡的战略绩效管理系统,首先必须获得企业管理者的支持,为绩效管理的顺利开展提供保证。同时,由于中层管理人员对公司的管理细节更加清楚,也有必要获取他们的支持。绩效管理中的最终绩效评估需要落实到基层员工,因此,员工支持也是顺利实施基于平衡计分卡的战略绩效管理系统的主要保证之一。

2. 规划发展战略

设计战略管理框架和运营管理流程,并将其集成到企业的管理系统中。作为基于平衡计分卡的战略绩效管理系统的使用者,战略管理中心在将SWOT分析、市场分析和竞争对手分析应用于企业之后,计划并推动企业年度战略会议。确保将在年度战略计划会议上提出的战略目标转换为战略地图和平衡计分卡指标体系。

3. 监督和调整策略

战略管理中心的主要职能是监察战略实施及调整情况。战略管理中心将记录所有新提出的行动计划,并监督负责执行该行动计划的管理人员和部门,以确保计划的执行。同时,战略管理中心需要对企业内部经营过程进行管理。对于有些组织而言,流程一直处于调整与变化之中。这些流程也许是跨部门的,也许是联动的。将这些流程的实施职责分配给战略管理中心,既可以避免部门间工作内容或流程的重叠,又不会对职能部门的职责造成不利影响。

4. 多活动和资源的集成者

战略管理中心应与这些过程的现有管理者们协同合作,确保战略目标的达成。

二、组织建设保障

如果企业缺乏健全的组织保障环境,那么战略绩效管理系统将无法发挥其作用。在战略绩效管理体系的实施中,组织建设保障是有效执行战略绩效管理的指导和沟通任务的关键。

鉴于战略绩效管理系统关系到企业战略目标的实施、企业未来的发展、员工的切身利益,同时为了保证基于平衡计分卡的战略绩效管理系统可长期较好地落实,企业可以在组织架构中专门设立"战略运营办公室",由企业领导牵头,安排专业的人员来负责战略绩效管理系统的构建与实施,但是各个基层部门还应该设立战略绩效管理小组。

对新成立的战略运营办公室,设置两类岗位,一类是战略执行总监,设置专人负责管理企业整体的战略运营事项。战略运营总监直接向企业总经理汇报,要求精通基于平衡计分卡的战略绩效管理理念和管理方法,了解企业整体业务运作，能组织企业半年度和年度的战略回顾和战略修正工作，能领导和组织企业月度管理会议的召开，能对战略执行过程中的问题进行及时纠偏并提出解决方案。只有精通平衡计分卡方法的专业人才，才能保证战略任务和战略指标设计的合理性，以及保证对平衡计分卡理念的正确理解。另一类是战略运营专员，主要职责是辅助战略执行总监的工作，负责战略绩效管理理念的传导、日常运营数据的收集，保证战略绩效执行情况相关数据的完整性和正确性。

也可以不设专门的战略运营办公室，通过设立松散的"战略绩效管理委员会"来保障战略绩效管理系统的实施运行。企业的绩效管理工作主要由人力资源管理部门主导，并将结果汇报给各管理层。所以，企业成立的战略绩效管理委员会，可以由人力资源部门的管理者担任组长，各部门负责人共同参与。一方面，能够提高全体员工对绩效管理的重视程度。另一方面，可以及时沟通，解决绩效管理过程中遇到的问题，全方位保障绩效管理体系的有效实施。

组织建设保障可以从高层、中层、基层三个管理层级保障战略绩效管理系统的实施。

高层管理：由公司总经理负责监督战略绩效管理系统的实施。绩效管理系统是实现企业战略目标的重要方法和工具，每个项目都会影响整个企业战略的实施。因此，企业实施绩效管理，应得到企业高层的授权与支持，联动运营管理及综合管理部门，组织他们参与战略管理的制定和实施，只有这样，才能使战略绩效管理得到有效落实。

中层管理：在绩效管理系统中，企业中层管理人员是实施计划的主体，并充当沟通的桥梁。作为中层管理人员，要做到承上启下，同时负责企业绩效管理系统的有效实施及绩效的辅导工作。

基层管理：作为绩效管理系统的实施载体，基层管理者和员工必须清楚地了解自身工作与公司战略之间的关系，并积极配合各项绩效管理工作，客观地进行工作总结及个人能力提升。

战略绩效管理部门专职负责组织企业战略制定、战略地图绘制与修订工作，每月检查企业战略任务的执行情况，在每月召开企业管理层会议之前，向企业管理层提报当月的战略绩效执行情况等。同时，负责平衡计分卡的管理理念的推广和培训工作，加强企业管理人员对平衡计分卡的思想认知和理解。

战略绩效管理部门承担绩效管理的组织协调和监督反馈工作。相应的各级战略绩效管理小组则负责具体的战略绩效管理体系的制定、实施，定时开展绩效讨论会，探究企业目前在管理中存在的问题及解决方案，以保障绩效管理工作的顺利开展。同时，建立健全的绩效管理制度，提供无障碍的双向沟通渠道，重视基层员工对绩效管理的意见，对绩效管理设计的每个环节，每个部门积极收集反馈信息。在这样良性的循环中，不仅能提高管理者对企业绩效管理的认同程度，也能提高员工的参与度，强化企业绩效管理的作用。

三、企业文化保障

对于实施战略绩效管理系统的企业而言，只有对企业的愿景进行充分的认识和理解，并对企业的战略目标进行精准的分解和细化，才能将企业的发展战略转化为各部门和员工的绩效指标，成为部门和员工行动的指南针。但在现实中，很多员工甚至有些部门领导对绩效管理的文化了解得并不够深入，在实际工作中容易产生随波逐流的思想，严重影响企业战略目标的达成和绩效目标的实现，影响企业的长远发展，也不利于员工的个人成长。

企业文化是实现平衡计分卡战略管理的一个关键保证，积极向上的企业文化能够让员工更加团结，具有更强的凝聚力，让员工与企业的目标保持一致，进而能够对企业的绩效管理工作产生有利的影响。

为了保证战略绩效管理在企业成功运行，必须转变只以追求利益为中心的企业文化，建设与战略绩效管理相融合的企业文化。目前，在市场竞争日趋加剧的情况下，企业要注重文化思想的树立，尽量规避可能存在的思想认识风险。应由人力资源部门牵头，开展自上而下的文化建设活动。

企业应重点向全体员工宣传企业的愿景、使命、价值观以及企业的战略，让公司战略愿景深入人心。构建与战略绩效考核相辅相成的奖罚体系，让员工和企业得到互相认可，可以进一步发挥战略绩效管理的作用，员工也可以帮助企业更快地发展。另外，人才工作是一项系统性工程，企业应该以人才库建设为抓手，切实加强人才管理工作，完善人才管理机制，健全完善人才库，让更多的人才参与到企业的战略发展中，从而推动企业绩效管理得到有效的实施。企业可以从多个方面进行文化建设，保障战略绩效管理系统得以更高效地落地实施。

（一）加强绩效考核的宣传

充分利用手中的各种宣传手段进行引导，在绩效考核实施前要对部门主管和员工进行必要的培训，让各部门主管深刻掌握绩效考核的流程、方法和技巧，使每个部门主管都理解绩效考核、掌握绩效考核、会运用绩效考核、愿意使用绩效考核手段管理并鼓励自己的下属。通过宣传让公司员工明白绩效考核的重要性，以及深刻了解自身的工作以及所承担的任务目标。同时，也让员工对自己的工作有一个更好的认识，用绩效考核把部门的工作目标与个人的工作职责结合起来，通过每一个人的目标的达成，来实现公司和部门的目标。同时，企业高层领导要高度重视绩效考核工作，形成从上至下的考核氛围。中层管理人员，既是考核员工的主体，也是被上级领导考核的对象，对绩效考核工作要有充分的认识，打消顾虑，带头接受考核。企业对员工的工作绩效要进行客观的考核，充分发挥企业及其管理者的主观能动性，提高员工的工作效率。加强企业经营管理，促进企业经营的科学化、规范化和人性化。进行关于绩效考核的培训，可以有效地将员工的工作积极性激发出来。在绩效考核管理中，可以对每位员工的工作态度和工作业绩展开客观的评价，从而在考核中发扬求真务实的工作作风。

（二）实施立体化的培训

在绩效管理过程中，做好培训及双向沟通是必要的，而培训正是进行这项沟通的最好方式之一。一方面，通过培训，企业可以降低员工对绩效管理制度和考核内容理解上的偏差，及时纠偏，保障绩效考核及工作目标方向的正确性；另一方面，在培训过程中，绩效工作执行小组可以与各方进行深入沟通，发现绩效评估过程中存在的影响因素，如工作描述及绩效标准或制度的疏漏等。将战略绩效管理的理念和方法，作为人力资源的重点培训项目，分别在企业管理人员中开展培训工作，推动战略绩效管理理念的传播和方法掌握，统一思想认识。同时，还可以为企业一线员工提供定期的职业方面的技能培训，保证员工的能力随着企业业务的变化而不断提升，让员工与企业共同成长，有利于战略绩效管理目标的实现。

企业运营管理和综合管理部门是绩效管理培训的主责部门，应在绩效制度发布及开展绩效考核工作前，安排讲师对评估者进行培训，解释绩效管理细则、描述工作标准及目标、介绍可能造成绩效偏差的因素及避免产生评估误差或偏差的方法，帮助管理者了解战略绩效管理的影响因素及结果。在战略绩效管理的绩效考核环节结束后，员工通过绩效反馈、绩效面谈与申诉，认识并改进自身工作中的劣势，企业通过深入沟通、继续教育及培训等方式，帮助考核不佳的员工提升绩效。

企业战略绩效管理存在的一些问题，有些是因为人才资源的短缺造成的，可以在人才培训力度上，努力做到"三个结合"，提高企业人员的综合素质。

1. 短平快与系统培训相结合

大多数企业开展的员工培训，主要对当前工作中存在的短板和不足进行针对性培训，优点是有利于快速解决问题，但这种培训本质上属于"系统打补丁"的方式，企业要更加重视"系统升级"式的培训，可以考虑类似高校课程的培训，针对某专业领域实施一系列系统性的培训课程，补齐短板。在培训内容方面，除了开展技术技能培训，企业还应该将企业文化建设、愿景或管理理念等纳入培训范畴，并形成相应制度；绩效监督方面，企业应该鼓励员工发表个人意见，并以制度的形式将全员监督规范化，确保绩效管理体系实施的公平和公正。

2. 在职与脱产培训相结合

随着企业工作任务的变化，企业的人才培训基本以在职培训为主。实行战略绩效管理系统可以考虑采取与高校或者专业第三方培训机构合作，针对实际工作短板组织业务骨干以不定期脱产的方式开展培训，强化骨干人才的中坚作用。

3. 线上与线下培训相结合

随着 5G 网络的普及和信息化的发展，网络的优势将极大促进线上培训蓬勃发展。企业的培训业务可以由线下业务逐步转移到线上开展，或者线上线下同步进行，增强培训效果；也可考虑购买线上课程，方便员工根据工作情况自主安排培训时间，或者聘请行业领先的专家开展远程授课，提高培训效率，促进战略绩效管理系统的实施。企业在加强知识培训的同时，更要注重实践培养，做到"知行合一"。企业应创造良好的学习与成长环境，让各方面人才在实践中尽快成长起来。

（三）优化人才队伍结构

1. 打造优秀的绩效管理队伍

着眼现实需求和长远战略需要，进一步优化中高层经营管理人员配置，提高选人用人公信度，营造干事创业、有为有位的企业用人氛围。发现选拔培养优秀年轻干部，着眼企业战略发展薪火相传、后继有人，努力打造一支忠诚干净有担当、数量充足、充满活力的高素质绩效管理队伍。

2. 加强专业人才队伍建设

立足现有人才队伍，精准施策，做好引进、培养、使用专业人才。围绕企业战略发展方向，拓宽引才渠道，创新引才举措，加强动态引进，重点引进融合型、复合型、高学历、高层次的管理人才，进一步扩大人才增量。特别是在融合发展人才、投资运营人才的引进上，一定要打开眼界、拓宽思路，采取市场化手段，借助猎头公司、行业网络等中介渠道，真正取得实效。加强分层分类培训和行业实训，打造有竞争力和影响力的人才队伍，确保企业战略目标和绩效管理目标的实施。

（四）培养员工主人翁意识

主人翁意识是一种信念，更是一种行动，蕴含着一种肯定与认同，是一种责任与使命。让员工拥有更多的主人翁意识，这是企业全体员工集体奋斗的思想基础，能够充分调动员工的积极性，增强企业凝聚力，提高企业竞争力，从而不断适应市场经济的需要。所以，企业应该努力培养员工的主人翁意识，让员工把企业当作自己的家，发挥他们的智慧，为企业的战略发展出力。企业应使员工积极地参与到经营决策中来，并鼓励员工表达自己的观点。企业要学会尊重员工，不能一直用一种老板的高姿态来对待员工。企业要让员工对自己有足够的尊重，这样才能让员工对自己有足够的信心，对企业有足够的热情，让员工感受到自己努力工作所带来的价值，这样员工就会在潜移默化中，加深他们的主人翁意识和责任意识。要信任员工能够决定他们的工作和其他与他们相关的事情，恰当的决定权能够使员工认识到他们应该对自己的行动负责。构建一个合理的激励体系，通过激励手段，使员工的利益和企业的利益密切结合起来，这样员工会更有归属感。

企业可以定期开展文化研讨活动，由各部门的管理人员召集部门员工一起讨论"如何将日常工作与企业战略愿景相结合"，从而将基于平衡计分卡的战略绩效管理深入管理人员和普通员工的日常工作，让每一位员工了解自身的工作与企业的战略息息相关，塑造和提升员工工作的使命感。同时，企业可以组织开展"全员改善"等活动，鼓励员工提出工作中不利于企业战略实现的因素或工作中不合理的流程和管理方式，从而提高员工参与企业治理的积极性和创造性，为企业营造一种更加开放民主的管理氛围。

四、管理制度保障

企业使用平衡计分卡来进行战略绩效管理，新的体系运行是一个缓慢的过程，需要一定的时间来适应和接受。现行的制度不一定能够适用新的绩效管理系统。企业在规章制度的建设方面也应该做到与时俱进，不断完善，而规章制度的完善是一个循序渐进的过程。因此，在企业的战略绩效管理系统运行过程中，必须建立一套完善的管理制度，这样才能对其进行有效的制约与保护，避免其在执行中产生的问题。首先，对于所有的员工而言，这是一种全新的认知。因此，他们需要有一段时间来转变过去的旧观念，慢慢地去接受新的战略绩效管理系统，有的时候还会产生一些抗拒的心理。因此，假如有了相关的规章制度，首先引导员工接受，让他们能够正确地理解，慢慢地认同，进而提升他们参与绩效管理的程度。另外，一个良好的管理机制能够让平衡计分卡的实施更加标准化，整个企业都会根据这个制度来进行工作，体现出全方位的公开、公平、公正，这样战略绩效管理工作可以更好地进行下去。

为了更有效地展示企业计划运营和绩效管理的相互影响，并通过企业计划的运营管理实现绩效管理的目标，除了构建和改进绩效评估系统外，还需要考虑其他配套制度系统的建设，比如会议管理系统（包括各种决策会议，总经办会议，月度、季度、年度计划运营会议等）、结果清单系统、预警控制系统、信息反馈系统、培训系统，以及惩罚制度、激励制度、薪酬制度等辅助制度，实现各种形式的管理手段和制度的实施。同时，构建一个战略绩效管理系统闭环，需要建立动态的反馈监管机制。这个保障措施需要企业经营高管的全力支持，以及各部门的高度配合。企业可以从以下几方面建立管理制度，保障战略绩效管理系统的实施。

（一）建立健全有效的激励体系

为了提高员工的工作效率、创新能力以及工作积极性，企业要完善分配、激励、保障制度，建立与工作业绩紧密联系、充分体现人才价值、有利于激发人才活力的激励机制，形成全覆盖、多层次、系统化的有效激励体系。有效的激励，不单指短暂的物质奖励，还应当考虑到对员工进行长期的激励，让员工有动力制定并达成一个长期的工作目标，使员工的工作主观积极性和工作综合能力得到较大提升。建立激励制度时要站在员工的角度，充分考虑到员工的切实需求，制定与员工的个人发展需求和企业战略发展相适应的激励制度。只有这样，才能真正调动员工的积极性和主观能动性，从而增强企业的实力并形成竞争优势。

企业则应该在明确现有奖惩制度的基础之上，根据每一阶段的发展方向进行适当调整，引导员工向企业期望的战略目标迈进。企业可以制定有竞争力和吸引力的薪酬政策、住房补贴政策、成长期扶持政策，同时还可以延揽"双一流"大学的青年才俊到企业就职，改善员工队伍的学历、专业、来源结构。适度提高专业技术人才收入待遇，拓展青年员工成长通道，切实破解人才发展"天花板"问题。创新体制建设，建立如员工持股等激励机制，让员工与企业的利益共存。如果企业在实施绩效管理过程中，绩效考核的结果和员工的实际晋升等奖励关系不大，就会导致员工积极性弱，缺乏创新动力，甚至导致人才流失。建立健全有效的激励体系，注重部门员工的良好发展，是企业可持续发展的基石，能够有效地提升企业绩效。

（二）建立绩效监督反馈制度

战略绩效管理需要企业全体员工都积极参与进来，并且相互之间要进行互相的监督，形成闭环才可以让战略绩效管理更加完整。企业通过建立有效的绩效监督反馈制度，明确各位员工的职责和权利，形成上级与下级之间、各部门之间的相互监督机制。在每年度的考核中，各位员工相互之间进行打分，并将分数运用到各部门、各个员工的年度考核结果中去。同时，通过建立绩效监督小组，确保绩效考核以及奖励发放的公平、公开、公正、透明。

为了使战略绩效管理工作顺利地开展下去，企业应该设立一个战略绩效管理小组，构建一套完整的绩效监督制度，以提升绩效管理的公平程度。同时，为了使绩效管理过程更加完整，还需要建立一个与之相适应的反馈机制，加强与员工之间的交流，获得员工提出的及时、有效的反馈意见，以便企业了解到员工在达成工作目标过程中遇到的问题，并积极针对绩效管理各个环节中的问题展开沟通和反馈，总结有效的反馈内容和经验，再将内容和经验书面化、制度化，为后续的战略绩效管理系统继续优化提供制度引导；同时，可以及时地发现平衡计分卡在实践中的问题和缺陷，进而明确其改善的方向，使企业的战略绩效管理更加完善。要想构建和运行战略绩效管理系统，就需要让企业的各个部门、各经营单位、各员工之间进行充分的沟通和交流，监督企业的战略目标是否正常运行，并将有关的信息及时地反馈到考核主体，以便在后续的工作中能够根据企业的实际情况，对其进行持续的优化和调整。

（三）建立制度流程保障措施

为保证可以真正落实并长期坚持基于平衡计分卡的战略绩效管理系统，避免"一阵风似的搞运动"，避免对战略地图的战略任务和战略指标"朝令夕改"，企业应制定一系列的制度流程，保证平衡计分卡的落实。

首先，制定企业战略管理制度，明确战略管理流程，从制度层面，规定企业进行战略规划制定、战略任务分解、战略执行效果追踪、战略任务滚动修订和战略目标滚动修订的全闭环流程。将基于平衡计分卡的战略绩效管理系统融入企业战略管理制度，成为企业制定战略和管理战略的基本工具和执行方法。

其次，制定企业会议管理制度，将企业月度运营会议和半年度、年度战略会议的召开周期、召开方式、会议内容、会议要求，依据平衡计分卡的理念，在制度层面落实，要求企业各级管理人员作为运营管理会议的基本组成人员。通过改变管理人员的会议召开方式，不断促进企业管理层对战略绩效管理系统的理解认知和切实执行。

最后，企业将基于平衡计分卡的战略绩效管理体系落实到组织绩效和员工绩效的考核层面和企业的绩效考核制度中。明确将员工绩效和组织绩效挂钩，而组织绩效的完成情况即为企业战略绩效的执行情况。也就是说，假设员工完成了自己的个人绩效考核，而其所处的组织没有完成战略绩效分解的战略任务和战略绩效指标，那么员工的个人绩效完成度是会打折的，以此方式引导员工更加关注个人工作与企业战略的结合，引导管理人员在制定员工绩效的时候，更加注重员工工作目标和企业战略相结合，更加科学合理地制定员工绩效，改变以往领导主观评价所带来的员工绩效考核不公和流于形式的问题。

五、信息技术保障

传统的绩效评价采用纸质打分的方式，当员工有出差、休假、生病等情况时，无法及时有效地传递沟通信息，从而阻碍了工作的正常开展，不利于企业的发展。

以平衡计分卡为基础的战略绩效管理，不管是在建立的过程中，还是在实施执行的过程中，都会牵扯非常多的数据，需要计算大量数据得到绩效结果。对这些数据的分析与处理，如果仅依靠人力进行统计只能是费时费力，还会导致员工工作效率降低甚至出错，因此需要依托先进的信息系统与信息技术。另外，在现行的企业经营管理系统中，企业涉及的各种数据都可以借助信息系统进行分析、处理、统计、存档，为各级部门决策提供相应的依据。企业可以根据需要建立全面的信息化管理系统，也可以只建立某一部门的专业化信息技术系统，如绩效管理系统、财务系统、人力资源管理系统等。企业信息化的推行能够极大地提高整体工作效率。在战略绩效管理系统的应用与实施过程中信息技术系统能够提供无障碍、实时的信息化沟通渠道，无须专人传递信息。在绩效评估中，信息技术系统还可以对绩效评估数据进行自动存档保管。所以，信息技术系统的保障对于战略绩效管理的成功实施，有着极为关键的作用。企业应该投入更多的精力用于推动全面信息化建设，建立符合企业自身特点及发展需求的信息化管理体系。只有这样，才能更快更准地发现问题，解放人力，提高工作效率，为实现企业的战略目标提供强有力的技术支撑。企业可以从以下两个方面实施有效的信息技术保障。

（一）搭建信息技术平台

随着国家宏观政策的不断颁布、经济及社会发展环境的不断变化，企业的战略也要随着环境的变化而相应地做出动态调整。战略绩效管理系统选取的指标较多，构建的体系较为庞大复杂，从指标的建立到实施，每一个环节都需要企业各部门员工参与，而员工的意见如果不能通过信息化系统及时收集起来，就无法推进企业战略目标的实现。所以企业应该搭建一套信息技术系统，以便对大量的数据进行精确的分析与处理，提升数据的处理效率，确保战略绩效管理工作可以快速高效地运作。此外，在运用平衡计分卡的过程中，每一项评价指标和指标的权重并不是固定的。由于平衡计分卡是以整体的战略为导向的，同时，随着市场经济的发展和企业内外部环境的变化，企业的战略可能会进行调整，在指标的选取和权重的设计方面也要进行相应的调整。优化后的企业战略绩效管理通过提供行之有效的信息技术支撑，可以及时地做出相应的调整，加强信息的沟通协调，就可以更好地发挥出平衡计分卡的作用，确保战略部门的执行。

（二）优化绩效管理流程

在搭建信息技术平台的基础上，企业要建立专门的数据信息管理部门。该部门可以利用信息技术将企业战略目标分解，对各部门的任务目标进行确定，根据各部门的职责，设计不同战略目标的衡量指标、权重、考核标准、计算方法、扣分方法等，可以通过信息技术平台进行调整、汇总、统计及分析各种信息。在绩效考核实施过程中，考核环节中的民主测评汇总及分析、考核得分的计算及薪酬的发放均可以通过信息技术平台进行优化，节约人力物力，为战略绩效管理的运行提供所需的数据。企业可以寻求与第三方软件企业进行合作，充分利用第三方软件公司丰富的智能系统设计经验，为企业设计一个全面、智能、科学且实用的战略绩效管理系统，收集企业各方面完整的历史数据和现时数据，为企业战略分解提供数据，为企业各部门和员工的关键绩效指标的制定提供有效的参考，并确保以科学合理的方式构建绩效指标，保证战略绩效管理系统的构建和有效实施。

第四节　基于平衡计分卡的战略绩效管理系统的对策与建议

前面章节的内容研究了战略绩效管理系统的构建过程，在分析企业绩效管理现状的基础上，提出了如何根据企业的战略确定企业各部门及员工的关键绩效指标，设计企业战略绩效管理系统，并实施运行，以及制定相应的保障措施。为了使战略绩效管理系统真正能够帮助企业实现战略目标，较好地提升企业绩效，提出如下建议。

一、要有明确的战略目标

企业战略目标是企业经营活动的指导思想。没有明确的战略目标描述，容易使企业在发展过程中产生迷惘，也不利于对员工进行目标激励和工作指引。如果公司缺少真正意义上的清晰的战略目标，那么在分解企业战略目标时，就会影响企业中层管理人员对企业战略目标的理解，这将直接导致分解战略目标的困难。如果组织没有明确的战略目标，战略分解就无从做起，难以为部门行动和行为起指引和导向作用。战略绩效管理系统应用平衡计分卡方法，将企业战略目标进行分解，层层传递，形成部门和个人的绩效目标。

二、营造全员充分重视的氛围

战略绩效管理系统的实施和执行，依赖下属的认同和支持。只有参与了绩效目标设计，下属才可以了解组织的战略目标，明确这些目标是怎样被衡量的，个人会怎样影响这些关键指标。下属参与了绩效目标的设计，就可明确组织对自己的绩效期望以及自己在工作中努力的方向，才会有提高绩效的责任感。战略绩效管理人员需要具备绩效管理的相关能力和技巧，如应用平衡计分卡确定工作目标的能力与技巧、指导员工提高绩效的技巧、与员工进行绩效反馈面谈的技巧等。为了保证战略绩效管理系统的顺利实施，必须对各级管理者进行相关培训。另外，战略绩效管理系统必须获得激励体系的良好支持才能充分地发挥作用。只有建立和健全配套的激励机制，采用不同的激励策略，强化优秀绩效和改进不良绩效，才能激发员工的工作积极性，促使组织目标的实现。

平衡计分卡的实施是一项系统化工程，需要企业全体员工的理解与支持。就目前而言，平衡计分卡得到了普遍关注，究其缘由就是平衡计分卡除了在战略绩效管理上具有很大的优势，还对战略绩效管理的推行起着积极促进作用。对企业而言，关注平衡计分卡，并加以实施，有利于拓展企业注意力，使企业将注意力放在更多的指标之上，而非局限于财务指标。基于此，企业应营造良好的氛围，提高全员对基于平衡计分卡的战略绩效管理系统的构建与实施的重视程度。

第一，充分了解平衡计分卡的特征与要求，做好相应的准备工作。这里所提及的准备工作主要指的是，加强员工培训，使他们对平衡计分卡战略管理的重要性有一个更为清晰的认识，进而主动参与到该项工作之中。第二，发挥高层管理者的作用，高层管理者在平衡计分卡构建与实施过程中发挥着不可替代的重要作用。平衡计分卡除了是绩效考核工具，还是战略管理工具，对战略监测具有重要影响。所以，平衡计分卡战略管理体系的实施需要由高层管理者与人力资源经理共同负责。第三，重视员工个人目标，并将其与企业总战略目标和部门战略目标相结合，提高员工归属感，使他们认识到自身工作绩效对企业发展的重要作用，进而树立集体精神、责任意识。第四，提高对员工反馈信息的重视程度。平衡计分卡战略管理无论是内容还是模式都处于不断变化的状态，并非固定不变的，需要依据员工反馈信息与实际发展情况进行随时调整。另外，实施过程是否透明与公开对基于平衡计分卡的战略管理系统的实施与保障也起着关键性影响，加上企业强调多元化经营，理应提高对个人绩效目标、部门绩效目标、企业战略目标的认识与了解，而信息化建设可以较好地实现这一目标。企业应主动学习与借鉴国内外优秀的平衡计分卡战略绩效管理软件。

三、提高信息管理的质量水平

战略绩效管理系统对企业的管理信息系统有较强的依赖性。应用平衡计分卡方法结合关键绩效指标分析，建立指标体系，需要处理大量的财务、运作流程及市场的数据并使信息在企业内部快速流动，才能使绩效指标及时地反映企业的经营状况，提高经营绩效反馈和调整的效率，缩短企业响应市场变化的时间。在绩效管理的其他环节和过程中，也需要沟通和信息的共享。企业对信息的管理不善及信息基础设施的建设不完善，将会成为实施战略绩效管理系统的障碍。因此，企业必须加强对信息管理系统的建设，并提高企业信息管理的质量水平和效率。

四、深化整改较为突出的问题

企业的绩效考核数据中每个维度均有可能存在得分较低的绩效指标。对于各维度中考核分数明显偏低的指标，要深入剖析问题产生的原因，针对性地提出问题解决的方案。分清楚产生的问题是日常管理问题还是例外问题。如果是日常管理问题，则分析原因，通过优化内部工作流程制定政策有针对性地解决问题，提高相应的绩效。如果是较为复杂的例外问题，则由管理层出面协调，尽力解决，并避免重复出现。由此一来，企业不仅可以实现现有绩效目标，还可以再设置更高的绩效目标，达到绩效目标提升的目的。

对得分较低的指标进行分析，要全面厘清各指标之间的关系，如果单纯围绕单个得分较低的指标进行相关工作调整，很容易产生相对片面的结果。所以，在发现某个指标问题之后，应追根溯源地开展全面分析，相应地调整考核指标体系或相关指标标准，不断地修正和完善绩效管理体系，再将新的管理体系应用于下一个考核周期，最终形成一个企业绩效持续循环上升的过程。

五、强化部门间的协同工作能力

基于平衡计分卡构建的指标体系，各指标之间紧密相连，一个指标一般会涉及多个部门，单靠某一个部门去解决某一个指标存在的问题，不仅不能解决问题，还会降低员工的工作积极性。以预算控制率为例，作为财务维度指标，预算控制的执行和统计工作主要由财务部门完成，但并不代表财务部门可以解决所有与预算控制有关的问题。在整个过程中，行政人事部有组织培训的义务，各部门需根据培训内容拟定各自的财务预算并严格执行；财务部负责统计预算执行数据并反馈给相应的部门，而任何一个环节的缺失都会带来指标数值的偏差。因此，强化部门之间的协作能力有助于指标目标值的达成，为绩效目标的进一步提升提供良好的基础。

六、构建核心推进团队

人是推行战略绩效管理系统实施的关键，企业在注重战略绩效管理系统应用的同时还要提高对核心推进团队构建的重视，挑选优秀人才共同参与系统的实施，不断壮大队伍，使他们成为战略管理体系实施的重要力量。核心推进团队主要包括企业高层管理者、人力资源部门管理者与中层管理者，其中高层管理者主要负责挑选、引进核心推进团队成员，人力资源部门则以做好后勤工作为主。核心推进团队的工作方式是团队协作工作。团队强调人人平等，没有强烈的等级之分，也就是说成员之间处于平等地位，互相之间有着广泛的接触，不受上下级约束。以实现共同战略目标和绩效目标为导向进行分工合作，有利于提升团队成员的使命意识、责任意识，提升团队的导向力、凝聚力，更好地实施战略绩效管理系统。

在企业核心推进团队的构建过程中，高层管理者应扮演总召集者的角色，组织团队成员参与讨论和学习，运用激励性语言激发团队成员对战略绩效管理系统有效实施的信心，提高中层管理者对战略绩效管理系统的作用与意义的认识，进而树立正确理念，明确自身职责，主动参与到战略绩效管理系统实施中。人力资源部门管理者主要负责后勤工作，扮演的是非主体成员角色，高层管理者、中层管理者扮演的是主体成员角色。只有合理分工与协作，核心推进团队才能设计出更具价值，且与企业实际相适应的指标体系。核心团队除了要对企业发展前景及实施战略作出说明，还要结合实际情况制定具体目标，即财务目标、顾客目标、内部经营目标、学习和成长目标，并探寻出最符合企业发展需求的业绩衡量指标。

七、重视平衡计分卡系统

平衡计分卡与战略实施存在密切相连的关系，是发挥重要作用的战略管理工具，而非简单的绩效考核方法。它将企业战略目标视作起点，以目标促战略。与此同时，它利用通俗易懂的形式传播组织战略，进一步提高企业员工对组织战略的认识与了解，进而树立正确的工作理念，在分析、融合组织资源的基础上主动朝着战略目标前进。

企业在初始构建战略管理体系时，核心团队需要做好战略研讨工作，战略研讨可以保障平衡计分卡保持在应有的高度。合理的战略研讨涉及多个环节，如共同愿景树立、环境剖析、战略交流等。战略愿景是个体或集体所要创造的内容，具有强烈的吸引力与凝聚力，在引导成员参与平衡计分卡构建与实施方面具有很大的优势。在具体的平衡计分卡实施过程中，树立企业共同愿景，有利于提升企业成员尤其是骨干成员的责任意识与工作动力。环境剖析对战略形成具有直接影响，是战略形成不可或缺的基础。战略交流是针对企业重要问题进行的分析与讨论。

要想充分发挥平衡计分卡的作用，需要做好战略研讨工作。充分发挥人力资源优势，做好战略绩效管理系统实施工作，一般来说理应涉及三部分的战略探究过程。第一，高层管理者与中层管理者通过研讨与商议对部门战略目标及战略总目标进行明确，即战略沟通；第二，人力资源经理在与中层管理者保持良好沟通的同时提高对中层管理者战略目标认识的了解，在确认他们有充分认识的基础上进行考核指标分析与探讨，即战略印证；第三，中层管理者与内部管理团队建立良好合作关系，共同传递企业战略，做好绩效指标、绩效目标构建工作，即战略分解。任何事物都有两面性，战略探究也不例外，在促进战略贯彻落实的同时也需公司投入大量的时间与精力，是企业发展不可或缺的重要环节。

因此，企业需要将平衡计分卡提升至更高的高度，通过合理的战略研讨，树立目标，明确战略，提高全体员工对企业战略的理解与认同，使他们产生共鸣，主动加入基于平衡计分卡的战略绩效管理系统的构建工作，为平衡计分卡构建提供良好的人才支持，为实施基于平衡计分卡的战略绩效管理系统提供保障。

第六章
战略绩效管理系统的未来发展方向

随着数字化技术的快速发展,企业面临前所未有的机遇和挑战。在数字化时代,绩效管理成了组织管理的核心需求。组织需要有效地评估和提升员工的绩效,以确保企业能够在竞争激烈的市场中脱颖而出。然而,数字化时代下的战略绩效管理存在诸多困境和挑战。随着数字化技术的广泛应用,战略绩效管理的数字化变革在组织中的重要性日益凸显。数字化时代的战略绩效管理不仅涉及对员工工作表现的评估与激励,还需要面对大数据处理与分析的挑战、跨部门合作与绩效管理数据的协调困境以及技术工具与员工参与的平衡难题。如何进行战略绩效管理数字化变革成了每个组织都需要思考和解决的问题。

第一节 战略绩效管理的数字化变革

在数字化的驱动下,企业管理人员需要对企业的经营和管理的转型创新机遇进行探寻及精准把握,积极而又主动地对组织架构进行数字化调整与改进,以有利于企业战略绩效管理系统的数字化变革。以客户为中心,进行企业核心价值观与绩效激励机制的制定与实施,打造数字化背景下以战略发展所需为基础的柔性化绩效管理体系,最大限度地发挥战略绩效管理系统数字化变革对企业整体绩效提升的重要推动作用。

一、数字化变革对企业的影响

(一)有利于提高组织竞争力与创新能力

数字化时代的绩效管理可以帮助组织提高竞争力和创新能力。数字化绩效管理系统可以及时监测和评估员工的绩效,发现问题并及时进行改进,提高组织运作的效率和质量。通过数字化平台,可以实现全体员工共同参与和协同工作,促进信息共享和知识传递，激发创新思维和团队合作，提升组织的创新能力和市场适应性，以应对日益激烈的竞争环境。通过数字技术以及学科领域之间的交叉融合，数字化转型将必要的技术支持提供给企业，以此发挥对企业技术创新方面的驱动作用。实际上，企业的数字化转型是一个对价值进行创造的过程。这一过程建立于物联网、云计算、大数据以及区块链等新型数字技术的基础之上，技术创新在其中发挥着不可或缺的重要作用。根据熊彼特创新理论，技术创新及技术进步能够为企业的有效供给提供重要保证，被视作企业发展和获取利润的源泉。在企业数字化转型过程中，先进的数字技术和其他学科进行交叉融合，形成新一轮企业进行技术创新探索及实践的突破点。对智能化成果应用的强化，为大数据技术开发提供重要支持并健全数字平台开发建设，使技术创新水平的提升成为可能。企业数据资源将替代传统意义上价值贡献比较低的要素，为企业利润增长以及转型升级提供重要支撑。例如，企业进行管理时，在人工智能与管理科学、软件功能等各种相关学科以及技术相结合的基础上，智能管理新技术被催化出来，不仅提升了计算机管理系统的智能化水平，而且在很大程度上提高了企业的绩效管理效率。从产品研发与设计上看，数字化能够给企业提供诸如3D打印、虚拟仿真测试等数字化技术，提高产品的创新性能，从而提高企业的绩效。

（二）有利于降低企业生产成本与交易成本

1. 数字化转型能够促进企业生产成本降低

数字化转型可以实现对企业资源更加合理的配置及生产过程可控化程度的提升，正是如此，企业的生产成本能够得到较为明显的控制。对目前的实际形势进行分析，各种类型的数字技术在企业生产经营中都有着比较广泛的应用。数字技术对定制化生产、智能化应用以及机器人作业等具有驱动作用，实现企业生产智能化及精细化程度的提升，对于资源的合理配置以及生产过程的控制均具有积极意义，从而对企业发挥降本增效的作用。例如，企业通过对ERP等数字技术的运用可以对自身生产环节的资源配置进行优化，将生产材料浪费现象的发生率控制在尽可能低的水平，有效降低人工成本及制造费用。以工业生产为例，部分重要机械设备常常会有故障出现，这无疑会对企业整体利润产生不利影响。通过在工业设备中放置传感器以及物联网卡等建立起这些设备和物联网之间的连接，企业便能够达到对设备故障提前预测的目的。企业在问题严峻化之前有效解决问题，与以往被动式维修相比，能够从极大程度上降低生产成本。当然，数字化对生产成本降低的作用不只局限于此，以物联网为支持而实现的智能化与数字化生产以及供应链上下游之间的信息共享，均能够将企业生产效率提升，从而有效控制成本，提高企业的绩效。

2. 降低企业交易成本

通过降低信息不对称现象的发生率，数字化转型能够达到降低企业交易成本的目的。作为企业成本构成中非常重要的一部分，交易成本的降低以信息不对称现象的减少为关键。新一代数字技术的发展不断加快企业数字化转型的速度，为企业交易过程中信息不对称现象发生率的降低提供重要契机与支持。第一，大数据技术的应用打破时间与空间方面的束缚，使企业获得关于交易的全景式信息成为一种可能。相较于传统意义上交易信息的获取来说，大数据技术支持下的全景式交易信息获取既明显缩短了信息收集时间，又提升了所收集信息的客观性、完整性与全面性，对市场供需信息及交易主体内部行为信息均有涉及。因此，企业在进行决策制定、过程控制以及结果分析之时，有了充分的实施依据，既减少了企业信息不对称的情况，还能减少交易不确定性乃至降低交易信息成本。第二，大数据等新技术具有突出的跨时空及时收集与传递信息的功能，加之区块链技术的发展，这些均为提升交易过程的公开性、透明性提供了可靠的技术支持，在减少交易中间环节的同时，将信息不对称现象的发生率降低。

二、绩效管理数字化变革的必然性

（一）有利于提升企业运行、生产及管理的效率，提高企业绩效

1. 数字化转型能够推动企业运行效率提升

数字化转型借助数字分析以及数字预测等手段可实现对企业运行效率的提升，这一作用在零售企业中有着尤为突出的表现。基于对大数据和人工智能等数字化技术的运用，零售企业能够将精准营销、个性化定制、智能化推荐和新型产品研发等各种重要功能发挥出来，为企业走出一条数字化转型道路提供不可或缺的驱动力。一方面，对大数据技术加以运用，企业能够在很短的时间内完成对海量消费记录以及交易信息的收集，在此基础上开展数据分析与预测工作，深层次对消费者持续变化的异质性需求进行挖掘，进而达到供给与需求之间的精准匹配。这不仅能够提升企业产品匹配的精确度以及客户的满意度，还能发挥对企业运行效率提升的推动作用，最终实现企业效益的增加。另一方面，以大数据等数字化技术为支持，企业能够精准地预测客户的需求，这不仅有利于运行效率的提升，对于供给侧结构性改革同样具有积极作用。在从源头实现对供需不平衡及不匹配问题的解决，进行库存高效控制的同时，还可以将供给效率有效提升，以此达到将企业运行效率、企业绩效共同提升的重要目的。

2. 实现对企业生产效率的提升

在对企业生产效率，特别是制造企业生产效率的影响方面，数字化转型主要以业务流程的自动化以及专业工作的数智化为重要体现。以制造业为例，智慧工厂是人工智能技术的一种典型应用，如果一家工厂属于智慧工厂的范畴，机器人便能够自行完成生产线上的很多工作，包括原料的搬运、原材料的加工、车间的生产以及产品的完工检验等。相较于人工生产而言，机器人生产可进行更长时间

的劳动,且速度明显快得多,精细度也会大大提高。这无疑能够将企业生产效率提升,实现企业竞争力的增强。在数字化转型过程中建成的全自动化生产线无人车间,在没有人进行干预时数字化系统会基于事先设定好的程序及指令进行自动化操作及控制,这对于企业生产工艺流程的缩短作用明显,有利于促进企业生产效率实现质的飞跃,刺激企业绩效的提升。

3. 助力企业管理效率的有效提升

以企业信息共享及连接为基础,数字化转型能够将提升企业管理效率的重要作用有效发挥出来。企业在进行数字化转型的过程中,往往会对多种技术和手段加以运用,力求打通企业采购、生产、销售、物流以及客户服务各个板块,消除不同部门之间的信息壁垒。不仅如此,大数据、区块链以及云计算等均属于新一代数字技术,对它们的运用能够将企业"数据孤岛"打破,在建立企业信息共享有利局面的基础上,加快企业内部管理"去中间化"的速度,以此推动管理方式更好地向集成化以及精益化转变,为管理成本的节省以及管理效率的提升提供重要基础。除此之外,数字化转型企业有相对明显的开放性、共享性、连接性以及协同性特点,这能够在很大程度上降低企业的损耗,使更加高效的管理工作、更为合理的管理成本对企业绩效的增长形成助力。

(二)有利于提升绩效管理与战略发展的耦合度

企业绩效管理系统应充分结合企业发展战略发挥作用:通过设定绩效目标引导战略落地、利用绩效沟通连接未来战略与当下现状、利用绩效考核检验战略落地情况、利用绩效反馈修正战略实施与战略目标的差距。但部分企业仅自下而上制定绩效目标,导致绩效目标与战略要求脱节,未能充分发挥绩效管理在落实战略方面的重要作用。绩效管理的数字化变革,可以实时监测战略落地情况,为战略目标在部门和员工层面的逐级分解提供数字化平台,并为绩效管理和战略要求协同发展提供数字化保障。

绩效管理的数字化变革有利于加速绩效管理流程的再造,提升企业绩效管理的整体水平,实现战略目标。数字化时代的到来为绩效管理带来了新的机遇和挑战。借助数字化技术,组织可以更精确地收集、分析和评估员工的绩效数据,从而提高管理决策的准确性和效率。人力资源管理是企业的重要组成部分。传统的人力资源管理方式存在诸多问题,如流程不清晰、业务和管理部门利益冲突、权责界定不明晰等,即使后续进行协调也难以很好地解决以上问题。在数字化时代,中小企业实行数字化的人力资源管理系统可以更加有序、高效地完成绩效管理,这主要是因为数字化人力资源管理可以要求企业每个部门都参与管理,共同协调出现的问题,有利于完成绩效管理。在绩效管理方面,数字化有利于企业管理层分解指标,各部门及员工逐一认领指标后,再进行日常绩效考核、绩效辅导、年底绩效评估等流程。绩效管理是一个持续性过程，要与组织战略目标保持一致，有清晰的战略脉络。对于中小企业来说，实现企业制定的绩效目标，就能实现其战略目标。通过了解每个下属的绩效贡献，员工的工资调整、岗位的轮换、绩效工资的发放等就有了参考依据，同时也可以了解下属的发展需求，从而建立一支优秀的人才队伍。数字化绩效管理系统可以对上述信息进行自动的数据收集并开展分析处理，降低人力成本和错误率，提升绩效评估的科学性和公正性。同时，通过数字化平台，可以实现信息的共享和沟通的便捷，促进员工和管理者之间的互动和反馈，从而促进绩效目标的执行，提升组织的绩效管理整体水平。

（三）有利于全流程实施战略绩效管理

1. 提升绩效指标体系的科学性

绩效指标体系的科学性是决定绩效管理效果的关键因素，很多企业选取的指标模糊不清，科学性有待提升；部分企业选取的指标难以量化，只能靠考核主体的主观判断进行评价。绩效管理的数字化变革可通过多渠道收集绩效管理数据，提高考核指标选取的科学性和准确性，同时为考核标准的设定提供历史数据参考。

2. 提升绩效管理工作的效率

绩效管理目标的制定与考核评价过程复杂，涉及大量定性、定量评价指标和标准，部分企业仍采用传统、粗放的数据管理方式，工作效率、效果、正确性都大打折扣。绩效管理的数字化变革可从多方面分析并优化业务关键点和工作流程，高效整合数据、筛选有效信息，为管理者综合分析判断和决策提供有力支撑。

绩效管理包含目标制定、沟通辅导、绩效考核、结果反馈等关键环节，每个环节对于提升绩效管理效果均有重要意义。但部分企业仅将绩效管理视为绩效考核，对其他环节的重视程度不够或缺乏实施条件。绩效管理的数字化变革为绩效管理的全流程实施创造条件，不仅能保障绩效目标充分结合企业战略，还能为绩效沟通辅导提供素材、为绩效考核评价提供数据支撑，提高绩效考核结果反馈的认可度。

3. 有利于员工参与绩效管理的过程

全员参与是绩效管理落地实施的重要保障。由于管理成本过高、信息传递效率低下、指标缺乏科学性等，很多企业的员工无法深度参与绩效管理过程，导致绩效管理效果不理想。绩效管理的数字化变革可为全员参与绩效管理创造条件，并且当企业业务发生变化时绩效管理系统可以针对一线业务的变化快速进行修正调整。

4. 促进绩效双向深度沟通

绩效沟通是保障绩效目标广泛接受且精准实施的重要途径。由于管理者缺乏沟通意识、未建立良好沟通渠道、绩效目标管理系统缺乏科学性和公平性而无法清晰沟通等原因，大部分企业在绩效沟通方面有待提升。绩效管理的数字化变革不仅可以保障自上而下沟通顺利，还可以为自下而上沟通创造条件，顺利实现双向实时沟通。不同于以往浮于表面的沟通，绩效管理相关内容的数字化为深度沟通提供信息支撑。

在信息时代，随着技术的进步和数据处理能力的提升，企业可以实时获取数字化时代背景下的经营大数据，人力资源管理部门也能够实行动态的分阶段考评，而不必像传统的业绩考核方式那样，必须等到年终企业决算以后才能实施考评。通过实时反馈考核结果，企业及所有人员可以更加清晰地了解自身的工作情况和工作成效，并能及时分析目前的情况与预期目标之间的差异，从而及时采取有效措施，确保企业经济活动能够按照既定的目标进行，进而提高企业经营管理的效率。

绩效工资作为员工薪资的主要组成部分，需充分发挥其激励作用。研究表明，人们越享受工作内容时，就越有可能达成目标。绩效管理数字化可以让员工参与绩效目标设定，有利于员工享受整个绩效管理的实践过程。员工亲自参与设定的目标，会更有动力去实现。当员工实现了自主设定的目标，就会为此感到自豪并有动力继续实现下一个目标。从长远来看，这样的良性循环能够让员工看到他们的努力为企业的成功和可持续发展产生的积极影响，有利于优化企业的人才管理与发展。

5. 有利于实现员工激励与满意度平衡

绩效管理数字化可以实现员工激励与满意度的平衡，激发员工的积极性并提升其归属感。通过数字化绩效管理系统，可以全面记录和分析员工的能力、表现和成长轨迹，为企业提供科学的数据支持，准确评估员工的潜力和发展方向；可以帮助企业更好地发现和培养人才，实现人才战略的有效实施。绩效管理系统数字化，可以建立公正、透明的绩效评价机制，确保员工的表现得到公平评价和奖励。数字化绩效管理系统可以提供及时的反馈和指导，帮助员工了解自身表现和发展需求，提供个性化的发展规划和支持；可以提供学习和发展资源，为员工提供个性化的培训和发展机会，激发其潜力和动力，促进员工的职业发展和成长，实现人才与企业共同成长。数字化平台还可以提供丰富的奖励和激励机制，如绩效奖金、晋升机会、学习资源等，满足员工的激励需求，提升员工的工作满意度和忠诚度。

三、绩效管理数字化变革存在的现实困境

(一) 大数据处理与分析的挑战

1. 数据收集与清洗的困难

在数字化时代，企业可以轻松地收集大量的数据，但在绩效管理中，数据的收集却存在一些困难。首先，不同部门和系统中的数据格式和存储方式可能不一致，导致数据收集存在困难。例如，公司的销售数据可能存储在销售系统、客户关系管理系统和电子表格中，需要进行整合和清洗，以便进行绩效分析。其次，数据的质量也是一个挑战。因为原始数据中可能存在错误、缺失或重复的情况，这需要人工干预和数据清洗，以确保数据的准确性和完整性。

2. 数据分析与解读的复杂性

一旦数据被收集并清洗好，接着就是数据分析与解读的复杂性。大数据往往包含大量的维度和指标，需要进行深入的分析和解读，才能得出有意义的结论。这需要专业的数据分析人员和工具来处理和解读数据。例如，在绩效管理中，企业可能会使用多种指标来评估员工的绩效，如销售额、客户满意度和工作质量等。只有通过分析这些指标之间的关联和趋势，企业才可以更好地了解员工的绩效情况，并做出相应的决策。

3. 数据隐私与安全的风险

随着大数据的应用越来越广泛，数据隐私和安全的风险也日益凸显。在绩效管理中，企业可能需要收集一些敏感的个人数据，如员工的薪酬信息、绩效评估结果等。这就需要企业加强对数据的保护，以防止数据泄露和滥用。例如，公司的员工绩效数据被黑客获取后，可能被当作竞争性情报或进行针对性的攻击。因此，企业在处理和分析大数据时，必须重视数据隐私和安全的风险，并采取相应的措施来保护数据的安全。

(二) 跨部门合作与绩效管理的协调困境

1. 跨部门协作中的信息流通与沟通问题

企业通常由多个部门组成，这就需要不同部门之间进行跨部门协作。然而，在数字化时代，协作过程中存在信息流通和沟通问题。每个部门可能有自己的信息系统和工具，这会导致信息孤岛的问题。例如，销售部门可能使用的是客户关系管理系统，而研发部门可能使用的是项目管理系统。这就需要跨部门间的信息共享和沟通，以确保协作顺畅进行。如果信息沟通不畅，会影响绩效管理的准确性和效率。

2. 跨部门协作中的目标一致性与冲突协调

在跨部门协作中，不同部门之间往往有不同的绩效目标和职责，这可能导致绩效目标之间存在冲突。例如，营销部门可能追求销售增长，而研发部门可能关

注产品创新和质量。这就需要协调和平衡不同部门的目标，以确保整个企业能够实现整体的绩效目标。然而，协调和平衡不同部门的目标通常是一个挑战，需要企业的管理者拥有较高的领导力和沟通能力。

3. 跨部门协作中的责任与权责清晰性

在跨部门协作中，责任和权责的清晰性是至关重要的。不同部门之间的责任界定和职责划分需要明确定义，以避免责任模糊和权责冲突的问题。例如，销售部门负责销售额的增长，而研发部门负责产品质量的提升，如果两个部门的职责界定不清晰，可能导致相互推诿和责任逃避的现象，对绩效管理造成困扰。因此，跨部门协作中，需要明确每个部门的责任和权利，建立起合理的协作机制。

四、绩效管理数字化变革的策略

数字化背景需要将数字化理念融入企业经营管理的各个环节，在企业经营管理的过程中，提升管理的质量以及管理的效率。在新形势背景下，强化企业数字化改革，提升企业战略绩效管理的质量和效率，同时也为企业战略绩效管理数字化转型提供一定的路径支持。

（一）绩效管理数字化变革的原则

1. 坚持体系化推进原则

绩效管理数字化变革应按照体系化原则进行。数字化变革过程复杂，需将数字化理念融入绩效管理的各个环节，包括开发数字化绩效管理平台，搭建数字化绩效目标管理系统，利用绩效管理的数字化信息开展沟通和辅导。以数字化平台为依托收集绩效目标落实情况相关信息，借助数字化系统开展绩效考核和评价。在绩效反馈环节充分利用绩效管理全流程数字化信息提高绩效结果的公平性和认可度，同时为下一阶段的绩效管理效率提升打下基础。若仅对绩效管理的单一环节进行数字化变革，不仅无法发挥数字化的积极作用，还会导致管理成本急剧上升，数字化还会使各级员工增加工作任务，从而共同抵制数字化变革。

2. 坚持以人为本原则

绩效管理数字化变革应充分体现以人为本的理念。以人为本是绩效管理长效发展的基础，亦是数字化变革成功的关键。绩效管理数字化变革应充分考虑不同性质岗位的绩效管理目标和要求，客观公正地评价各类员工的工作成果和绩效价值。充分考虑技术型岗位的工作特点和保密程度，科学合理地评判其工作价值，保障技术型岗位的整体利益在变革中不受损害。将专业性强的员工群体在能力提升与经验积累方面的需求充分融合到绩效管理的数字化变革中，保障专业型岗位人才的持续发展。数字化是工具，绩效管理是根本，变革应充分体现人的管理意志，认同员工的价值，调动其工作积极性，而非仅仅为了实现数字化而变革。

3. 坚持适度结合原则

绩效管理数字化变革应与业务关键要素、管理权限等适度结合。数字化变革大大提高了绩效管理和业务的融合度，但结合程度应妥善把握。应慎重思考部分业务的关键环节在不同层级管理者和普通员工层面的公开程度，以提升管理效果、调动员工积极性为目标进行整体设计。同时，数字化变革使得员工可广泛发表意见，应综合研判个别主观信息，结合客观数据进行整体分析，提高绩效管理在企业内部的接受度和认可度。绩效管理数字化变革大大提高了信息共享程度，但部分关键员工的工作内容涉及企业核心机密，变革应充分考虑泄密风险。除此之外，绩效管理与数字技术的融合应充分尊重绩效管理系统运行的基本规律和数字化的特点，兼顾二者的优势，落实各环节的责任归属，打造安全度高的绩效管理系统数字化运行模式。

(二) 绩效管理数字化变革的对策

数字化对企业运营与发展的各个方面均有很大的影响。在瞬息万变的外部竞争市场环境下，数字化技术能够将辅助作用发挥出来，让企业更加全面、实时与准确地对市场潮流和舆情变化进行监测，在此基础上完成对客户需求个性化变化的精准分析。同时，以大数据分析为基础将整体趋势确定下来，为企业提供重要指导，聚焦核心客户，保证所提供的运营服务或产品具有高质量以及高精准度，确保企业整体层面朝着更加高效能以及科学化的方向发展。

1. 引进和宣传先进的绩效管理理念

数字化理念是落实数字化改革的前提需求，在企业内部经营管理的过程中，实现管理质量的提升，首先应从管理理念的落实以及强化中进行。企业内部绩效管理中，落实数字化改革，在经营管理的过程中可引进先进的绩效管理理念和方法，在管理的过程中实现管理质量以及管理效率的提升。借鉴行业内优秀企业管理理念，并结合企业经营管理中的实际情况进行针对性的调整。在企业领导层，组织开展相关的会议进行研讨，针对企业绩效管理数字化变革的实际工作以及内容，将数字化的绩效管理理念从管理层开始进行宣讲，提升绩效管理的质量和效率。企业内部营造积极的绩效管理数字化变革氛围，利用企业文化对数字化的绩效管理理念进行宣讲，结合各部门绩效管理目标进行部门会议研讨。在理念融合的过程中，在制度以及组织体系中进行表现，使用数字化理念引出具体的绩效管理数字化改革方案。

为了更好地开展绩效管理数字化改革工作，中小企业应加强对绩效管理改革工作的宣传，以便企业员工更好地了解该管理制度，并根据不同的职级或级别，建立完善的、全面的预算管理体系下的数字化绩效考核体系，保证数字化考核体系具有可操作性。Z 公司曾经阐明绩效管理数字化改革的意义，即把人和事结合起来的绩效管理数字化，对组织和下属员工双方都具有积极意义。对于下属员工（被评估的人）来说，数字化绩效管理既能够明晰工作方向和绩效目标，又鼓励下属参与数字化绩效目标的制定，以此增强下属对绩效目标的理解和信心。同时，数字化的绩效管理是一种及时、持续、公正的绩效反馈，借助数字化平台，可以不断地调整、修正，通过反馈、面谈、讨论，改进计划和发展方向，采取行动解决问题，从而获得更高的绩效。对于组织来说，实现组织制定的数字化绩效目标，就能实现组织的战略目标。因此，绩效管理数字化改革的意义不仅是为员工提供有效的工资、进行职位调整，还可以落实企业的战略目标，满足客户需求。通过绩效管理引导，结合数字化工具，落实企业的核心价值观，形成一个良好的考核机制，企业内部处于激活状态，干部和员工永不懈怠，让奉献者得到合理的回报。

2. 确定关键指标与数据收集方式

在数字化时代，确定关键指标并选择合适的数据收集方式是提高战略绩效管理效能的关键。首先，根据组织的战略目标和关键业务需求，确定数字化关键指标，重视绩效管理中各业务部门任务指标分配的管理，如销售额、客户满意度、网络点击率、网络浏览量、员工绩效等。接下来，借助数字化平台，选择合适的数据收集方式，可以利用在线调查、客户反馈、销售数据、员工绩效评估等方式收集数据。例如，一家电商企业可以通过在线订单系统收集销售数据，通过客服系统收集客户反馈数据，通过员工绩效考核系统收集员工绩效数据。在绩效管理工作中绩效考核的执行环节，企业通过数字化技术可以实时跟踪审批过程，确保企业战略目标的执行力度，并能有效预测可能出现的问题，从而清晰地确定责任主体。为了构建高效的绩效管理体系，必须构建一套与之相匹配的数据控制平台，基于该平台搜集与企业发展相关的大量数据，并加以归纳汇报和总结。同时，经过更深入的分析，甄选出有价值的数据，并利用数字化技术加以挖掘和预测，为企业未来的经济决策提供可靠依据。在绩效评价环节，企业管理层应通过建立完善的制度、加强人才培养等措施，营造良好的绩效管理数字化文化氛围以及科学的绩效管理评估环节，从而建立科学的绩效管理观念。

企业全体部门应积极参与绩效管理数字化改革工作，为人力资源部门、财务部门、行政管理部门等职能部门带来可信的数据支撑，以确保企业经营活动的有序进行，从而降低企业的成本。因此，中小型企业应从内部开始，借助数字化平台，明确各部门在绩效管理工作流程中绩效目标分解、绩效实施、绩效辅导改进、绩效评价等各个环节的职责。企业应建立专门的绩效管理机构，并从人力资源、财务等管理部门和市场营销等业务部门招募合格的专业人员负责绩效管理数字化工作。企业高管和监事应直接负责此项工作，以引起企业各部门和员工对绩效管理数字化改革的重视。

高效的数据分析和决策支持系统是优化绩效管理的重要工具。利用数据分析技术,可以对收集到的大量数据进行深入分析和挖掘,发现潜在的绩效问题或捕捉相应的机会。基于数据分析结果,决策者可以作出相应的绩效管理决策,如调整销售策略、改善顾客体验、优化员工培训等。例如,一个银行可以利用数据分析技术对客户信用卡使用情况进行分析,发现滞纳金收入较高的客户群体,并制定相应的催收策略以提高回收率。

数据驱动的绩效管理策略还包括实时绩效评估与调整。通过实时收集和分析数据,可以及时发现绩效问题,并采取相应的调整措施。例如,一个酒店可以利用酒店管理系统收集客户入住评分、员工服务数据等,并实时监控绩效情况。当酒店绩效不达标时,可以立即采取措施,如改变员工排班、加强培训,以提高绩效水平。

在企业经营管理的过程中,企业绩效考核指标可能存在滞后,以及指标内容不明确、科学性不足的情况。在绩效管理数字化改革背景下,应扩大数字技术的应用范围,结合企业发展的实际情况,从各个层面实现企业组织工作的重构。企业在经营管理的过程中,针对各部门经营管理中的实际情况,收集企业部门相关人员的意见,利用数字化信息技术实现对相关数据的筛选,对有价值的信息进行提取,形成初步的修改意见。在各部门内组织收集相关的意见,利用数字化信息技术进行整合,并结合部门的实际情况进行分析,在指标完善的过程中,将绩效考核指标同企业各组织部门业务活动开展的实际情况进行对比分析,针对不同的部门,适当进行调整,建立健全统一指标体系的同时,针对企业实际管理中的情况进行分析,进行考核指标的试行和调整。把握企业经营管理中的内部和外部环境,以及经营管理过程,在旧指标体系的基础上形成新的、健全的数字化指标体系。

3. 利用数字技术完善绩效考核指标

数字化时代,利用智能化工具可以提高绩效评价的准确性。例如,可以采用自动化考核系统,通过对员工工作表现、项目完成情况等多维度的数据进行分析,生成客观准确的绩效评价报告。这样可以避免主观因素的干扰,提高绩效评价的客观性和公正性。例如,一家高科技企业可以利用智能化工具对技术团队的项目完成情况、质量指标等进行评估,确保对技术人员的绩效评价更加准确和客观。

引入大数据分析技术可以优化绩效评价流程,完善评价系统。通过对大量数据的分析,可以发现绩效评价中的指标关联性和指标变化趋势,进而改进评价指标和考核流程。例如,一个零售企业可以利用大数据分析技术,分析销售数据、顾客体验数据等,找出与业绩相关的关键指标,并更新绩效评价流程来更好地衡量业务成果。大数据分析,使绩效评价流程变得更科学、精确和有效。

结合人工智能与人力资源管理实践可以帮助优化绩效管理效能。人工智能技术在绩效管理流程中的各个环节中起到辅助作用,如目标设定、反馈提供、培训支持等。例如,一个快速扩张的企业可以利用人工智能技术开发智能化目标设定工具,根据员工的职责和发展阶段,为其定制个性化目标,提高绩效管理的针对性和精细化水平。同时,人力资源管理实践涵盖员工培训、激励机制等方面,将人工智能技术与这些实践相结合,可以实现员工绩效的全面提升。

4. 强化沟通与协作的绩效管理策略

(1) 建立跨部门信息共享与沟通机制。数字化时代,建立跨部门的信息共享和沟通机制可以提高绩效管理的效能。通过共享信息和跨部门沟通,不同部门之间可以更好地理解彼此的工作内容和目标,促进协同合作,避免出现信息孤岛。例如,一个跨国企业可以利用内部社交媒体平台建立跨部门的信息分享平台,让员工可以分享项目进展、经验教训等,促进部门间的交流和学习。

(2) 构建有效的沟通和反馈机制。强调目标协调和冲突解决能力是优化绩效管理的重要策略。在数字化时代,组织内部存在不同团队、不同岗位的目标差异和冲突是常见的情况。为了提高绩效管理效能,需要加强协调目标和解决冲突的能力。例如,一个跨部门的项目团队可以通过在线定期召开目标协调会议,明确各部门目标、资源需求等,并及时解决可能出现的冲突,确保团队整体目标的达成。

企业绩效管理中,存在绩效管理人员与员工之间沟通不流畅的情况,导致相关信息的数据不完善,影响员工工作的积极性和工作的信心。为进一步提升管理的效率和质量,在经营管理中,构建数字化的沟通和反馈机制能帮助相关工作人员更好地工作。管理层人员定期召开在线会议,利用数字技术对各部门提交的数据进行整合,并由权威的绩效管理人士进行分析,针对企业内部组织工作以及制度的实际变化进行分析,并据此及时调整企业绩效管理制度以及评价体系。利用信息技术,构建互联网线上沟通平台,实现绩效考核人员与员工之间的沟通,及时解答员工的问题,提升管理的效率和质量。定期以网络问卷的方式对员工有关绩效管理工作的想法和意见进行调查,整合员工意见并在下次的员工大会上进行解答,建立双向沟通机制,维护员工的基本权益,充分激发员工工作的积极性,提升员工对工作的认同感和满意度。

(3) 促进员工间的协作与互动合作。数字化时代,促进员工间的协作与互动合作对绩效管理的效能优化至关重要。组织可以通过创建数字协作工具和平台,鼓励员工跨部门、跨岗位合作,共同解决问题和实现目标。例如,一个软件开发公司可以通过使用项目管理工具和在线协作平台,使开发人员、测试人员和设计人员能够更好地共享信息、协调工作并迅速解决问题,提高团队整体的绩效水平。

数字化时代下绩效管理的效能优化策略对组织的发展至关重要。利用数据驱动的绩效管理策略,可以实现实时的绩效评估和调整;利用基于技术的绩效评价与改进策略,可以提高评价的准确性和效率;利用强化沟通与协作的绩效管理策略,可以促进跨部门合作和目标的协调。数字化时代下的绩效管理效能优化需要组织在技术、沟通和人才发展等方面进行综合考虑和实践。只有不断优化绩效管理数字化策略,组织才能在数字化时代保持竞争力和持续发展。

(4) 提升人力资源管理工作人员的素质和管理能力。在数字化时代背景下,中小企业面临各项改革,企业要不断提升工作人员的整体素质,丰富与数字化相关的专业知识。人力资源管理工作者应加强自身专业技能的提升,应对数字化带来的新变化。对此,企业需要加强国家有关政策的宣讲,使人力资源工作人员能够及时了解数字化相关法律法规。同时,企业需进一步开展实践指导,并结合实际案例进行数字化训练,强化工作人员理论与实践相结合的应用能力,从而提升人力资源工作人员的专业水平,做好数字化的企业绩效管理工作。

随着数字化技术的深入发展,社会各个领域均开始推广和应用数字化技术,其巨大的数据信息收集能力、综合分析能力和深度挖掘能力,为企业人力资源管理带来了全新的工作思路,也为企业人力资源管理带来了挑战。人力资源管理中绩效管理体系的搭建,需要将更多的精力投入企业发展战略分析中,同时要兼顾数字化带来的变化,从而能够更好地实现企业的发展目标。通过制定合理的人力资源配置方案,可以帮助企业管理层在数字化背景下作出科学合理的决策。绩效管理强化考核结果的运用,切实将员工绩效与数字化考核评价相结合,能够树立工作业绩导向,激发员工的责任感。企业发展更需要立足当前的数字经济大环境,建立新的管理体制,完善奖惩机制,开展实际工作,放眼未来,在解决人才培养、员工关系等问题上,提升中小企业在数字经济中的市场竞争力。借助数字化平台,当员工用更加公开透明的手段解决问题时,团队之间的关系也会得以改善,解决冲突时会更顺畅,从而更有利于创造一个具有可持续性和支持性的整体环境。

随着时代发展,以数字化、网络化、智能化为主要特征的新一轮信息化浪潮来袭,企业进行数字化转型已经成为大势所趋,也是我国建设数字强国的重要举措。结合大数据时代背景,企业战略绩效管理需要对存在绩效管理理念落后、绩效目标设置不明确、绩效考核指标设计不合理、管理人员与员工之间沟通不畅等问题进行分析,推行数字化改革。企业在绩效管理改革发展中也应该顺应时代发展的潮流,提升管理的效率和质量,应将绩效管理内容同数字化技术相结合。研究发现,创新理念、健全指标、搭建双向交流平台能进一步实现绩效管理质量的提升,为企业数字化改革发展提供一定的路径支持。

第二节 "双碳"目标对企业战略绩效管理系统的影响

人类活动受限于科学技术和设备、观念等的影响,在最初的经济发展中,往往会以能源消耗来达到经济快速发展的目标。20世纪以来,经济发展的同时,煤炭、石油、天然气大量消耗,一系列环境问题也随之而来。大量消耗能源所产生的污染不仅对空气产生巨大影响,也给土地、水资源等人们赖以生存的生活条件产生巨大的副作用。中国自改革开放以来,经济得到快速发展的同时,过度的资源攫取也引发了大量的环境问题。为了更好地进行全面发展,必须对过去的粗放型经济进行反思。先发展后污染的粗放型经济增长方式已经受到社会的抵制,从可持续发展理论的提出,到"碳排放权交易"市场先试点后推行到全国,再到向全世界提出中国在2030年前实现碳达峰、2060年前实现碳中和的伟大目标,可以看出中国对保护环境以及发展绿色经济的决心。这也意味着,我国企业必须进行彻底的绿色低碳转型。习近平总书记提出"绿水青山就是金山银山"这一重要理念,意味着我国企业需要抓住碳达峰、碳中和的历史机遇,加快能源和产业的结构调整,构建绿色低碳循环发展的产业体系,为全国实现"碳达峰""碳中和"目标作出表率。

一、"双碳"目标的内涵

"双碳"目标是"碳达峰"与"碳中和"两个目标的统称。联合国政府气候变化专门委员会对"双碳"做出了明确界定:碳达峰是指某个地区或行业的年度二氧化碳排放量达到历史最高值,然后开始持续下降,这是二氧化碳排放量由增加转变为减少的拐点。碳中和是指企业、团体或个人通过测算在一定时间内直接或间接产生的温室气体主要是二氧化碳的排放总量,通过栽培具有光合作用的绿色植被或者在二氧化碳高排放的行业大力推广应用节能减排的先进技术,实现对二氧化碳排放量的抵消,从而实现二氧化碳"零排放"。尽管碳达峰与碳中和在侧重点上有所不同,但它们的关系密不可分。对二者关系的解读,是理解"双碳"目标本质的基础。前者是后者目标实现的基础和条件,碳达峰的时间、过程、强度直接关联到实现碳中和的时长和难度。从过程上看,碳达峰与碳中和紧密相连,确实存在时间与阶段的先后关系。碳达峰为路径依赖,而碳中和则是最终目标,碳达峰作为二氧化碳排放从升到降的拐点,是实现碳中和的必经之路。路径依赖的选择必须符合目标的实质要求,碳中和的实质在于"平衡",即二氧化碳排放与二氧化碳吸收的平衡,这一实质目标为碳达峰的时间与量值提出了明确的导向性要求。整体而言,当前阶段二氧化碳吸收量十分有限,欲达成碳中和目标,主要依赖二氧化碳排放量的减少。

"双碳"概念的提出是我国发展低碳经济的一个体现。基于对环境保护和低碳经济问题的考虑，中国已经于2020年确定了以下战略：极力争取在2030年间实现二氧化碳排放量的新峰值，同时也极力争取在2060年间实现碳中和。为了实现碳达峰与碳中和这两个目标，在2020年12月18日结束的中央经济工作会议上，"抓好碳达峰和碳中和"被纳入2021年的重点工作之一，并且明确到2030年前实现碳达峰、2060年前实现碳中和目标。2021年10月，中共中央、国务院办公厅印发《关于完整准确全面贯彻新发展理念做好碳达峰碳中和工作的意见》，要求深度调整产业结构、加快构建清洁低碳安全高效能源体系、加强绿色低碳重大科技攻关和推广应用、健全法律法规标准和统计监测体系，确保如期实现碳达峰碳中和目标。"双碳"目标下，企业作为主要碳排放主体，需要以降低碳排放强度为目标，解决降碳固碳、绿色创新与碳源碳汇监测核算等问题，构建企业碳绩效管理体系，促进碳数据驱动、碳指标管理、碳绩效评价、智能碳决策综合应用。这些成为落实"双碳"目标的关键举措。因此，在企业的战略目标制定和分解中，非常有必要制定与构建与"双碳"目标相关的环境绩效目标和评价体系。

二、"双碳"目标下企业碳绩效评价体系构建的必要性分析

（一）财务评价体系中低碳相关指标较少

企业的绩效评价体系多数情况下只考虑了财务维度的指标，较少涉及低碳维度的指标。在评价企业的经济效益方面，财务指标有着明显的优越性，但是它并不适合企业对绿色、低碳发展目标的追求以及进行有效的测度。当前少量的低碳相关指标亦不健全，主要表现在：一是低碳绩效评价指标的设定较为笼统。虽然有的企业在能源强度、能源消费结构、污染排放等方面制定了一些与低碳相关的指标，但并未全面反映低碳绩效。二是低碳绩效评价指标体系不够完善。这些指标体系是以传统的绩效评价体系为基础，没有反映出低碳经济发展的特点，没有突出低碳绩效评价体系中对低碳资源和低碳技术的关注。三是缺乏对政府和企业低碳绩效的考核制度。

（二）落实国家"双碳"目标的必然要求

我国2022年的工业增加值占国内生产总值的比重为33.2%，在经济下行压力加大的情况下，工业增加值仍占据主导地位，说明我国经济发展仍依赖于能源消耗。因此，我国亟须从"双碳"目标视角对企业绩效评价体系进行改革和完善，将碳绩效评价体系与经济发展相结合，促进经济发展和环境保护之间的平衡。在"双碳"目标下，企业承担着发展经济和保护环境的双重责任，而企业绩效评价作为企业发展的重要组成部分，直接影响着企业的绿色可持续发展。一方面，我国已经明确提出要在2030年前实现碳达峰，在2060年前实现碳中和。在

此背景下，我国出台了一系列的政策措施，为实现碳达峰和碳中和目标提供了有效支撑。另一方面，企业作为经济活动的重要主体，是推动社会经济绿色发展、促进人与自然和谐共生的关键力量。因此，企业的碳绩效评价工作对于推动企业绿色可持续发展具有重要意义。

（三）提升企业核心竞争力的有效手段

在"双碳"目标下，企业要想获得更多的市场竞争优势，就要不断提升企业自身的核心竞争力。企业在参与市场竞争的过程中，必然要将目标放在形成企业自身的核心竞争优势上。开展碳绩效评价工作，有利于提高企业的核心竞争力并形成竞争优势，具体表现在以下几个方面。

1. 促进企业参与低碳竞争

"双碳"目标下开展碳绩效评价工作可以为企业提供一个明确的导向，引导企业通过低碳管理方法实现自身发展目标，从而在激烈的市场竞争中脱颖而出。

2. 有利于促进企业绿色发展

企业开展碳绩效评价工作可以将环境、社会和公司治理等多个维度有机结合起来，在帮助企业确定环境责任和社会责任目标的同时，也可以帮助企业提升自身环境绩效、社会绩效以及公司治理绩效等多个方面的水平，从而促进企业绿色发展。

3. 有助于促进低碳技术创新

随着碳排放交易市场的不断完善，低碳技术创新的重要性逐渐凸显出来。但是由于相关技术知识产权保护力度较弱等原因，低碳技术创新受到一定程度的限制。碳绩效评价工作可以将低碳技术知识产权保护等相关内容纳入碳绩效评价体系中，从而为低碳技术创新提供有效支撑。

三、"双碳"目标下企业碳绩效评价体系构建

（一）指标体系设计的原则

1. 战略导向原则

战略导向原则要求以企业战略为中心，以提高企业的价值创造能力为目标。每一家企业的生产能力应与其战略有着密切的关系。因此，企业绩效评价指标也应当将其战略要求完全反映出来，并根据政策背景和产业现状，对其进行动态的调整。当前，国家已经制定了"双碳"战略，对绿色、低碳发展给予了高度的关注，企业更应将"双碳"战略目标融入企业绩效管理体系。

2. 平衡性原则

主要考虑财务指标和非财务指标之间的平衡以及定量与定性之间的平衡。当前企业绩效考核集中在财务指标领域，即使有对非财务指标的考核，也只是定性

的说明，缺少量化的考核，缺乏系统性和全面性。从财务指标中无法看出企业是否积极参与低碳活动，是否投入资金及精力进行降碳，也无法看出企业是否履行社会责任或是否做出低碳方面的社会贡献等。基于此，企业碳绩效评价需要结合非财务领域，例如内部业务流程、生态环保、政府监管等领域的指标来反映企业的碳绩效。

3. 科学性与可行性原则

低碳指标选择既要概念清晰、内涵明确，准确量化企业的低碳发展理念、水平、进展及治理能力，为科学决策提供客观依据；客观反映企业碳绩效管理的实际情况，让指标更有说服力。同时，还要考虑可行性原则，要基于企业低碳转型的现状和存在的问题。选择定义明确和可操作的指标，确保低碳绩效数据的收集和分析能够获得合理的计算结果，尽量保证低碳绩效数据的可获得性和可比性，为低碳绩效的量化分析提供数据支撑。

（二）指标体系的构建

在"双碳"目标下，在运用平衡计分卡进行战略分解时，要考虑低碳的要求。结合传统平衡计分卡的财务、客户、内部经营过程和学习与成长四个维度的指标体系，增加低碳维度，将企业的战略分解为低碳、财务、客户、内部经营过程、学习与成长五个维度的战略目标，并逐个分析实现战略目标的关键绩效管理目标，构建"双碳"目标下的企业战略绩效管理系统。

低碳维度的战略目标，是"推动低碳经济发展，树立良好企业形象"。低碳维度指标可以使企业获得差异性的竞争优势，树立良好企业形象，开拓新市场。低碳维度的关键成功因素是高产出低能耗、废料超低排放、资源循环利用。

财务维度的指标可以显示企业实施的战略是否对改善企业盈利和低碳发展做出了贡献。根据财务维度的指标，衡量企业的经营是否符合低碳发展的要求，企业经营管理层可以了解企业的收入支出情况、投融资活动等，更好地把握企业的低碳发展方向；社会公众可以了解经营活动收入、投资收益等，了解企业的低碳发展状况。因此，财务维度可以选取营业利润率、净资产收益率、经济增加值和低碳资产投入率作为指标。营业利润率是衡量企业经营效益的重要指标，反映企业在"双碳"背景下通过生产经营获得利润的能力。净资产收益率的高低对评价企业资源的利用率具有重要的参考价值。经济增加值作为企业价值管理的重要指标，可以更好地说明企业的经营状况、发展趋势以及盈利能力。低碳投入率指标主要考核企业在低碳建设方面的经济投入情况，企业的可持续发展目标需要注重创新和未来规划，而低碳投入则能够为企业带来长期的盈利。

顾客维度的战略目标，是创造低碳的市场价值。为此要为客户提供优质的产品，良好的服务，让客户满意，借此树立良好的企业形象。因此，产品和服务特性角度的关键成功因素是价格合理、质量可靠、供应稳定、低碳节能；顾客维度的关键成功因素是优质服务、合作共赢、低碳交易的战略伙伴关系；形象角度的关键成功因素是绿色低碳。它可以用来衡量企业的绩效，可以用来比较企业的表现，还可以帮助企业制定有效的发展策略。

内部经营过程维度的战略目标，是低碳运营管理。通过优化客户的服务机制，提升运营管理水平，强化企业内部各部门的沟通和协调，减少碳排放。在生产过程中降低二氧化硫排放浓度比率、氮氧化物排放浓度比率、粉尘排放浓度比率，提高灰渣综合利用率等。在公司的整体运营绩效达到卓越的同时，兼顾低碳的要求。

学习与成长维度的战略目标，是建立掌握低碳生产技术的员工队伍。绿色低碳发展是企业可持续发展的有效途径，而学习与成长则为企业实现绿色发展提供了坚实的基础。这就要求企业提升创新能力，加强高质素低碳人才队伍的培养。高水平的低碳人才既需要高效的信息化平台来支撑，也需要优良的低碳企业文化来凝聚，提升员工的幸福感和归属感，进而创造更高的价值。成功的企业是企业战略目标和员工价值共同实现，要实现内部经营过程的不断优化，离不开员工的学习与成长。学习和成长对于企业来说是不可或缺的，它不仅可以激发员工的发展潜力，还可以提升企业的竞争力，是企业实现可持续发展与未来成功的关键。这一维度的指标主要有：低碳研发费用率、低碳教育培训率、低碳技术人员占比率和低碳技术专利授权率。

四、"双碳"目标下提升企业碳绩效评价的对策建议

（一）制定符合"双碳"目标的碳绩效管理策略

根据企业的实际情况和发展阶段，不同的企业在碳绩效管理方面存在差异，需要针对性地制定碳绩效管理策略。例如，一些大型企业可以通过自建或购买碳减排配额等方式实现碳减排目标，而小型企业则需要通过技术升级等途径提高能源利用效率。此外，企业碳绩效管理策略的制定还需要考虑政策环境和市场环境的变化。政策环境的变化可能会影响企业的碳减排目标和管理策略，市场环境的变化也可能会影响企业的碳减排成本和竞争力。因此，企业需要及时调整碳绩效管理策略，以适应环境变化。

（二）加速发展碳交易与碳金融碳排放权

碳交易是一种将碳排放权购买和出售的新型经济机制。它不仅可以帮助企业实现节能减排，还可以为企业的经济结构调整和低碳转型提供良好的机会，从而实现节能环保、资源高效利用和可持续发展。碳排放权交易的引入可以帮助企业更好地实现经济增长和环境保护的双重目标，为企业的可持续发展提供更多机

遇。碳金融则可以为减少温室气体排放提供支持，构建一个健全的投融资机制。

（三）持续推进 ESG 管理

目前"双碳"背景下，我国企业的碳绩效评价工作呈现经济、社会和环境三者之间难以协调的特点，而 ESG 管理则以环保为出发点，将环保和社会纳入公司治理中，更契合监管部门的需求，也是今后的发展方向。一方面，企业在维持自身产能的同时，为了确保企业经济的可持续发展和社会环境效益的稳步增长，必须深入推进清洁能源的研发和应用，以掌握未来经济发展的关键要素。另一方面，政府要加强 ESG 信息披露建设，加快出台规范统一的 ESG 信息披露准则，对其信息披露的范围与深度、数据规范性以及报告的模板做出明确的规定。

（四）建立碳绩效评价激励制度

碳绩效评价激励制度可以帮助企业采取有效措施，推动碳排放量减少和节约能源等活动。同时，对企业实施碳减排活动的效果进行客观评价，以此来激励企业积极采取行动。这种激励机制能够更有效地激发企业积极性，让企业在维护环境的同时也可以获得相应的激励。

（五）建立碳排放数据平台

加快建立碳排放数据平台，推进碳排放数据的统计、收集、计算、分析和发布工作，及时掌握我国企业的碳排放量情况，为推动企业低碳发展提供基础数据。通过数据平台，可以实时了解碳排放情况，及时发现问题，落实排放标准。同时，还可以将碳排放数据和行业规定结合起来，加强动态监管，严格执行排放规定。另外，还可以开展定期检查，分析碳排放数据，确保企业按照规定执行碳排放标准，控制碳排放量。

在"双碳"战略目标下，对战略碳绩效管理的评价指标构建要结合"双碳"目标进行分析，将低碳目标融入传统平衡计分卡的维度，构建碳绩效评价的绩效指标体系，并制定一系列优化措施，以提高企业在碳排放方面的绩效。未来还需要进一步完善碳绩效评价的理论框架，以更好地适应不断变化的环境和需求，加强实践操作，推进企业碳减排工作，为环境保护做出贡献。

第七章
研究结论与展望

第一节　研究结论

　　平衡计分卡作为战略执行工具顺应了企业战略管理的需要。从理论上讲，平衡计分卡为企业战略实施提供了一套有效的管理系统，规避了传统绩效管理方法财务指标评价滞后性、注重短期利益、忽略长期发展等缺陷。在工业时代，以追求利润为核心的财务指标评价方法很有效，但在当今信息社会，企业必须兼顾内部和外部、长期与远期、财务与非财务、结果与驱动等多方面平衡，从客户、员工、供应商、内部经营过程、技术创新等方面进行管理，才能获得持续发展的动力。平衡计分卡恰恰从财务、客户、内部经营过程、学习与成长四个方面形成一套科学的集战略管理与绩效评估于一体的管理系统，因此平衡计分卡作为战略绩效管理的利器。通过使用平衡计分卡进行战略绩效管理，不断进行战略调整，对企业实现战略目标与绩效管理目标具有重要意义。本著作通过将平衡计分卡融入战略绩效管理进行相关研究，建立了基于平衡计分卡的战略绩效管理系统。

　　① 企业将平衡计分卡融入战略绩效管理中，可发挥其战略管理功能。平衡计分卡以企业战略为导向，通过对战略实施结果进行评价，清楚了解企业战略实际完成情况，并根据绩效评价结果进行分析，发现不足之处，进而采取相对应的措施，从而实现企业战略目标和绩效管理目标的共赢。

　　② 企业使用平衡计分卡进行战略绩效管理时，使得绩效指标的选取更恰当、绩效管理更高效。战略绩效管理系统通过使用战略地图梳理企业战略目标的因果关系，让战略目标细分为具有逻辑关系的具体目标；再根据具体目标选取相对应的关键指标、确定权重与目标值；并根据实际值与完成率来进行绩效评价；最后根据各指标评价结果进行反馈，准确发现绩效偏差的根源所在。这些都使得战略绩效管理系统相对于传统绩效管理系统来说，战略绩效管理系统效果更好。

　　③ 企业将平衡计分卡融入战略绩效管理中，可实现战略绩效管理的动态循

环。通过使用平衡计分卡构建战略绩效评价体系，并根据战略绩效实施结果进行战略绩效评价与反馈，最终滚动修正各指标目标值，达到战略绩效管理的动态循环，让战略规划得以及时准确的调整，为实现企业未来发展战略提供明确方向。

第二节 研究展望

平衡计分卡是战略执行工具，但不能帮助企业制定战略。平衡计分卡是对传统绩效评价方法的一种突破，但是不可避免也存在一些缺点，如指标数量过多、实施难度大、管理成本高、对企业管理水平要求较高等。所以战略绩效管理系统不可避免地存在一定的缺陷，需要在实践中不断进行完善。没有一种管理工具是万能的。企业需要结合行业所处的外部环境、企业内部条件、组织架构、发展历程、企业文化等多方面因素，综合考虑企业未来的发展目标，并结合现有的绩效管理系统，制定适合自己的战略绩效管理系统。

企业制定基于平衡计分卡的战略绩效管理系统，需要根据实际数据及内外部环境变化，及时且准确地作出战略反馈，从而适应企业当前及未来的发展需要。在当前数字经济的背景下，企业的战略绩效管理系统必然要进行数字化变革，所以战略绩效管理系统的研究将更多地从数字化的角度，分析数字化对战略绩效管理系统的影响、如何构建数字化的战略绩效管理系统、如何借助数字化平台提高战略绩效管理系统的效果等。另外，"双碳"目标的实现、碳绩效的评价也会是未来战略绩效管理系统的研究方向之一，尤其对工业制造业来说，如何构建碳绩效评价系统、提高碳绩效目标达成率等，都有可能成为战略绩效管理系统的未来研究方向。

参考文献

[1] 张梦晗. 战略绩效管理中的平衡计分卡——以平安银行的应用为例 [J]. 商场现代化, 2016 (26): 127-128.

[2] 王波. 战略绩效管理化解经营矛盾 [J]. 企业管理, 2024 (4): 90-94.

[3] 孙壮黎. 外贸企业战略绩效管理研究 [J]. 现代商业研究, 2024 (6): 164-166.

[4] 郑大喜, 徐耘. 基于平衡计分卡的医院战略绩效管理研究 [J]. 现代医院管理, 2017, 15 (1): 42-45+73.

[5] 陈雪珍. 基于资源编排理论的企业战略绩效管理探究——以 H 集团为例 [J]. 市场瞭望, 2023 (23): 13-15.

[6] 潘振媛. 基于 BSC 的小家电企业战略绩效管理评价——以 Y 公司为例 [J]. 商展经济, 2023 (20): 165-168.

[7] 何惠梅, 何恬. 基于平衡计分卡的 H 医院战略绩效管理探讨 [J]. 现代商贸工业, 2017 (20): 71-72.

[8] 蒋文, 陈旻霁. 城市商业银行战略绩效管理研究 [J]. 中国总会计师, 2023 (06): 112-117.

[9] 郑文娟. 价值创造视角下的战略绩效管理分析——以白酒企业为例 [J]. 财会学习, 2023 (1): 158-160.

[10] 刘颖. 战略绩效管理体系建设与实践 [J]. 石油组织人事, 2022 (6): 50-55.

[11] 常秀娟. 平衡计分卡在企业战略绩效管理中的应用 [J]. 中国市场, 2022 (17): 91-93.

[12] 陈登卓. 基于 BSC 的 Y 集团公司战略绩效管理指标体系设计 [J]. 山东商业职业技术学院学报, 2022, 22 (2): 1-7.

[13] 田秋. 企业构建战略绩效考核管理体系的作用及路径 [J]. 企业改革与管理, 2022 (5): 46-48.

[14] 侯平平, 姚延波, 张丹丹. 在线旅行服务企业战略绩效评价体系研究 [J]. 企业经济, 2022, 41 (2): 112-124.

[15] 曹方磊. 基于 MBO 的企业战略绩效管理体系构建与应用 [J]. 全国流通经济, 2022 (3): 42-44.

[16] 吴爽. 中小银行战略绩效管理探究 [J]. 中国市场, 2021 (34): 47-48.

[17] 王莹. 阿米巴经营理念在战略绩效管理中的运用——以 A 企业为例 [J]. 国际商务财会, 2021 (13): 30-33.

[18] 张玉. 战略绩效管理在企业中的应用研究分析 [J]. 商场现代化, 2021 (16): 94-96.

[19] 李宬锐, 宋怡林. 战略绩效管理如何兼顾稳定性和灵活性？——基于一家国有企业的案例调查 [J]. 管理会计研究, 2021 (4): 62-71, 88.

[20] 臧志军. 适应性战略绩效管理：面向高质量发展的"双高"建设管理创新研究 [J]. 职业技术教育, 2021, 42 (21): 12-16.

[21] 陈文超. 战略绩效管理对企业竞争力提升作用研究 [J]. 人民论坛, 2021 (16): 88-90.

[22] 王皑雪. 关于机械制造企业战略绩效管理体系建设的思考 [J]. 中小企业管理与科技 (中旬刊), 2021 (3): 25-26.

[23] 袁新春. 基于财务视角下的公立医院战略绩效管理体系构建 [J]. 财会学习, 2021 (2): 57-58.

[24] 郑琳翊. 战略绩效管理理论综述与前沿展望 [J]. 人力资源, 2019 (14): 83.

[25] 王慧君. 基于推进战略绩效管理的国有企业人员激励管理创新研究 [J]. 会计师, 2020 (24): 84-86.

[26] 王玉良, 乔政远. 以激发组织活力为目标的协同型战略绩效管理 [J]. 企业管理, 2020 (S2): 14-15.

[27] 辜穗, 李林洪, 周小玲, 等. 天然气科技创新战略绩效管理——以西南油气田为例 [J]. 石油科技论坛, 2017, 36 (4): 26-30.

[28] 夏存海, 吴海波, 李洪涛, 等. 烽火科技：以全面预算为核心的战略绩效管理体系 [J]. 财政监督, 2018 (4): 19-32.

[29] 李仕超. 协同创新视角下的高校战略绩效管理体系研究 [J]. 山东青年政治学院学报, 2017, 33

(6): 12-16.

[30] 黄蠲, 苏新. 综合医院战略绩效管理模型构建与应用研究 [J]. 现代经济信息, 2017 (20): 61.

[31] 李明. 以全面预算为核心的战略绩效管理体系研究分析 [J]. 现代商业, 2018 (26): 130-131.

[32] 周涛. 集团战略绩效管理体系探究——以 C 集团为例 [J]. 会计师, 2018 (6): 79-80.

[33] 郭春亮. 以平衡计分卡为基础构建战略绩效管理体系的研究 [J]. 国际商务财会, 2018 (3): 38-40, 43.

[34] 吕晓彬. 战略绩效管理体系的优化——以 T 集团为例 [J]. 管理观察, 2019 (20): 11-13.

[35] 高连术. 浅析 KD 集团以全面预算管理为核心的战略绩效管理模式 [J]. 现代商业, 2019 (18): 118-119.

[36] 孙艳. 基于事业部制的企业战略绩效管理体系构建 [J]. 企业改革与管理, 2019 (7): 65-66.

[37] 梁婵娟. 战略绩效管理在企业中的应用策略研究 [J]. 企业改革与管理, 2019 (6): 81, 83.

[38] 朱安伦, 孙嘉舸. 湖南天雁基于平衡计分卡的战略绩效管理体系 [J]. 管理会计研究, 2018, 1 (3): 73-80+88.

[39] 李同崎. 基层金融机构的战略绩效管理 [J]. 财会学习, 2018 (28): 195、204.

[40] 胡中东. 基于战略的民营企业绩效管理实践浅论 [J]. 经济帅, 2019 (08): 283-284.

[41] Robert S. Kaplan, David P. Norton. Having Trouble with Your Strategy? Then Map It [J]. Harvard Business Review, 2000, September-October: 167-176.

[42] Robert S. Kaplan, David P. Norton. The Balanced Scorecard-Measures That Drive Performance [J]. Harvard Business Review, 1992, January-February: 71-79.

[43] Peter F. Drucker. Harvard Business Review on Measurement Corporation Performance [M]. Harvard Business School Press. 1998.

[44] Robert S. Kaplan, David·P·Norton. Using the Balanced Scorecard as a Strategic Management system [J]. Harvard Business Review, 1996, January-February: 75-85.

[45] Hu Can, Dr. Ahmed Razman Bin Abdul Latiff. Reflections on the Construction of Strategic Performance Management System in Chinese Manufacturing Enterprises [J]. Modern Management Science & Engineering, 2024, 6 (1): 34-42.

[46] Zhang C, Pu T, Zhou X, et al. Strategic Performance Management Based on Cigarette Production and Operation Big Data [J]. Applied Mathematics and Nonlinear Sciences, 2024, 9 (1): 67-73.

[47] Coskun A, Dinc S M, Tetik S. Strategic performance management for soccer clubs: A quantitative model proposal [J]. Journal of Human Sport and Exercise, 2020, 16 (4): 131-140.

[48] Torneo R A, Mojica J B. The Strategic Performance Management System in Selected Philippine National Government Agencies: Assessment and Policy Recommendations [J]. Asian Politics & Policy, 2020, 12 (3): 77-83.

[49] Business - Engineering Management; Findings from Middle East Technological University Update Understanding of Engineering Management (Using System Dynamics for Strategic Performance Management in Construction) [J]. Journal of Engineering, 2020: 102-106.

[50] Yildiz E A, Dikmen I, Birgonul T M. Using System Dynamics for Strategic Performance Management in Construction [J]. Journal of Management in Engineering, 2020, 36 (2): 79-85.

[51] Science - Management Science; Study Results from Hazara University in the Area of Management Science Reported (Promoting strategic performance through strategic orientation and strategic renewal) [J]. Science Letter, 2020: 57-66.

[52] Coskun A, Dinc S M, Tetik S. Strategic performance management for soccer clubs: A quantitative model proposal [J]. Journal of Human Sport and Exercise, 2020, 16 (4).

[53] Hospitality Management; Data on Hospitality Management Discussed by Researchers at Hazara University (Role of network capability, structural flexibility and management commitment in defining strategic performance in hospitality industry) [J]. Computer Technology Journal, 2019.

[54] Soubjaki M, Choughri R. New Strategic Thinking in Mitigating the Challenges in Implementing Key Performance Indicators (KPIs) and Increasing Efficiency in Corporate Performance Management in MENA Region [J]. Journal of Management and Strategy, 2019, 10 (4).

[55] Gabriel, Villaroman. Strategic performance management in local governments in the Philippines: work and rating challenges [J]. Asia Pacific Journal of Public Administration, 2019, 41 (2).

[56] M. M H. Strategic Leadership Through Performance Management: FORESIGHT as Performance Stat [J]. Forensic Science International: Synergy, 2019, 1 (3).

[57] Dabic M, Kiessling T. The performance implications of knowledge management and strategic alignment of MNC subsidiaries. [J]. J. Knowledge Management, 2019, 23 (8).

[58] Yıldırım Y. A Strategic Performance Management Framework: A Hypothetical Hotel Case [J]. International Journal of Contemporary Tourism Research, 2018.

[59] Hosung S, Yanghon C. The Effects of Strategic Performance Management System on the Technology Transfer Efficiencies of Universities: Based on the PSM-2stage DEA Combined Model [J]. Korean Journal of Management Accountinh Research, 2018, 18 (3).

[60] YILMAZ Y. A Strategic Performance Management Framework: A Hypothetical Hotel Case [J]. Uluslararası Güncel Turizm Araştırmaları Dergisi, 2018 (2).

[61] Kasdin, Barnow, Newcomer. Getting Performance from Performance Management: A Frame- work for Strate-gic Management Choices [J]. International Journal of Public Administration, 2018, 41 (15).

[62] Information Technology; Research Conducted by M. Akhtar and Co-Researchers Has Updated Our Knowledge about Information Technology (Strategic performance management system in uncertain business environment: An empirical study of the Indian oil industry) [J]. Energy Weekly News, 2018.

[63] Akhtar M, Sushil. Strategic performance management system in uncertain business environment [J]. Business Process Management Journal, 2018, 24 (4).

[64] Francioli, Francesca. Strategic performance management systems in Italian banks : a research note. [J]. Management Control. , 2018, 2 (2).

[65] Jayakrishnan, A/L M, Mohamad, et al. Understanding Holistic View and Complexities in Big Data Analytics and Business Intelligence (BI) Towards Establishing Strategic Performance Management: A Case Study [J]. Advanced Science Letters, 2018, 24 (3).

[66] Joel M. Electronic Collaboration of Strategic Performance Management System (SPMS), Normative Funding (NF), and Organizational Performance Indicator Framework (OPIF) for Technological University of the Philippi- nes [J]. International Journal of Computing Sciences Research, 2017, 1 (2).

[67] Ali C, Mirgul N. Strategic Performance Management Using the Balanced Scorecard in Educational Institutions [J]. Open Education Studies, 2023, 5 (1).

[68] Owthar J D, Naicker V, Unhelkar B. The effect of performance management of strategy on an executive decision support framework for the financial service sector of a developing economy [J]. EUREKA: Social and Humanities, 2022 (6).

[69] Pelluri V, Padmavathy G. Performance Management System-A Strategic tool for enhancing Employee Perfor- mance [J]. International Journal of Research in Social Sciences, 2016, 6 (11).

[70] Osemeke M. Re-thinking balanced scorecard as organisational strategy performance management and measurement [J]. International Journal of Business Process Integration and Management, 2021, 10 (1).